Detectives del corazón
RATFORD
Retrato robot misterioso ...
¡Misión Top Secret!

Colette

HABILIDADES: ¡especializada en aconsejar sobre cómo vestir para investigar o... para acudir a una primera cita!

LEMA: *¡no hay misterio, si el corazón no late muy fuerte!*

Paulina

HABILIDADES: ¡cuando se necesita un ordenador para investigar, ella entra en acción!

LEMA: *¡dadme un portátil y ya veréis cómo resuelvo el caso! ¡Garantizado!*

Violet

HABILIDADES: ¡siempre tiene la idea adecuada en el momento oportuno... Sobre todo, si antes ha hecho una siesta!

LEMA: *¡cuando un caso parece imposible de resolver... cambia de punto de vista!*

HABILIDADES: ¡seguir a un sospechoso a pie, en bicicleta, corriendo, nadando, esquiando... nadie se le escapa!

LEMA: *¡actuemos a la velocidad de la luz!*

Nicky

HABILIDADES: ¡con su verborrea es capaz de obtener información de todo el mundo!

LEMA: *¡los misterios son parecidos a los profiteroles: hay que descubrir su corazón!*

Pamela

¿Quieres ser una *Detective del corazón*?

HABILIDADES: ....

LEMA: ....

....

Textos de Tea Stilton
Inspirado en una idea original de Elisabetta Dami
Dirección artística: Francesca Leoneschi
Ilustraciones de la cubierta y del tablón de anuncios de Valeria Brambilla (diseño) y Flavio Ferron (color)
Diseño gráfico: Giovanna Ferraris / theWorldofDOT
Ilustraciones de las páginas iniciales y finales de Barbara Pellizzari y Valeria Brambilla (diseño), Flavio Ferron (color)
Mapa: Caterina Giorgetti (diseño) y Flavio Ferron (color)
Ilustraciones interiores de Elena Grigoli y Carolina Livio (diseño), Francesco Castelli y Serena Gianoli (color)
Coordinación artística de Tommaso Valsecchi
Gráfica de Chiara Cebraro

Título original: *Detective del cuore*
© de la traducción: Helena Aguilà, 2018

Destino Infantil & Juvenil
infoinfantilyjuvenil@planeta.es
www.planetadelibrosinfantilyjuvenil.com
www.planetadelibros.com
Editado por Editorial Planeta, S. A.

Primera edición: enero de 2018
ISBN: 978-84-08-18099-9
Depósito legal: B. 25.945-2017
Impreso en España - Printed in Spain

El papel utilizado para la impresión de este libro es cien por cien libre de cloro y está calificado como **papel ecológico**.

Tea Stilton

Detectives del corazón

DESTINO

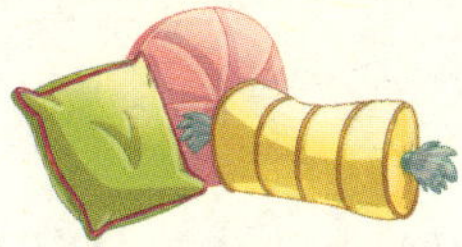

Una buhardilla multicolor

El pasaje de las Margaritas era una pequeña calle de EDIFICIOS bajos muy conocida entre los habitantes de la Isla de las Ballenas.

Todos los isleños llevaban esa calle en el CORAZÓN, no sólo porque fuera un lugar *perfecto* para pasear con sus bonitos ADOQUINES, sus fachadas recubiertas de una espléndida hiedra y sus cuidados maceteros, sino también por otro motivo... ¡mucho más GOLOSO!

Precisamente allí había un establecimiento apreciadísimo por los amantes del dulce: la mítica Pastelería Daisy.

Aquel día, como de costumbre, los clientes ocupaban la bonita sala que olía a azúcar y vainilla. Mientras saboreaban un té y un delicioso trozo de pastel, no podían imaginar que unos pisos más arriba hubiese aún más movimiento que en la cocina donde Tamara horneaba unos fantásticos PASTELILLOS y GALLETAS. En la buhardilla del edificio azul estaban las chicas del Club de Tea remodelando afanosamente todo el espacio.

—¡Ya está! —declaró Violet orgullosa, colgando una FOTOGRAFÍA en la pared.

—¡Perfecto! —le respondió Pamela después de comprobar que el marco estaba recto.

—¿Sabéis qué podemos hacer? —preguntó Nicky observando la pared—. Colgaremos una foto cada vez que resolvamos un caso.

—Un caso... —sonrió Violet—. ¡Parece increíble! Vamos a abrir una **AGENCIA DE DETECTIVES** de verdad. ¡Todavía no me lo puedo creer!

—Pues me parece que no vamos a abrir nada, si no me ayudáis a COLOCAR todo esto —bromeó Colette,

ACERCÁNDOSE con un montón de cojines en la mano.

—¡Aquí está! LLEGA la súper detective transporta-cojines —exclamó Pamela con una sonrisa, corriendo a ayudarla.

Una vez colocaron los cojines, las chicas miraron a su alrededor, cansadas pero FELICES y, sobre todo, satisfechas.

Unos días antes, aquel lugar sólo era la BUHARDILLA donde Tamara guardaba cajas viejas y olvidadas, y ahora parecía un sitio NUEVO. Las paredes estaban recién pintadas y las cortinas y las FLORES le daban un aire alegre. Todavía tenían que vaciar algunas cajas y arreglar varios rincones, pero aquel espacio empezaba a semejarse a la **AGENCIA DE DETECTIVES** que las cinco amigas habían soñado juntas... ¡comezaba a parecerse a ellas!

En el PORTÁTIL abierto sobre la mesa sonaba una canción que daba ganas de **BAILAR**...

Si tienes un sueño,
te ilusionarás...

—*Si persigues tu sueño, lo cumplirás* —prosiguieron las chicas cantando a voz en grito, y luego se echaron a REÍR.

Justo en ese momento, la alarma del móvil de Pamela empezó a sonar.

¡PIPIPI-PIPIPÍ! ¡¡PIPIPI-PIPIPÍ!! ¡¡¡PIPIPI-PIPIPÍ!!!

—Perdón, ¡tengo que bajar corriendo! —exclamó la chica LEVANTÁNDOSE DE UN SALTO.

—¿Adónde vas? —preguntó Nicky perpleja.

—Pronto lo sabrás... enseguida vuelvo —prometió Pamela con una SONRISA, mientras salía a toda velocidad.

Pamela no mentía, porque volvió poco después... ¡con una sorpresa!

—¡Qué buen aspecto! ¿Las has hecho tú? —preguntó Colette, admirando la bandeja de magdalenas que había traído su amiga.

—Sí —asintió ella—. Es una receta nueva que nos inventamos Tamara y yo. Las hemos metido en el HORNO hace un rato y he puesto la alarma del móvil para que no se me olvidara sacarlas.

—¡Tienen muy buena pinta! —comentó Paulina deseando probarlas.

—Parecen todas iguales, pero cada una lleva un RELLENO distinto —explicó Pamela—. Por eso las llamamos las **Magdalenas del Misterio**.

—Un misterio para resolver... ¡ahora mismo! —sonrió Nicky, mordiendo una—. **MMM**... Avellana.

—Fresa —dijo Paulina al probar otra.

—¡Vainilla! —exclamó Violet con una sonrisa.

—He pensado que teníamos que CELEBRARLO con algo dulce. Al fin y al cabo, si aquella tarde no hubiéramos venido a la *pastelería*, tal vez nunca habríamos resuelto nuestro primer caso —comentó Pamela.

—¡Y ahora estamos comiendo las deliciosas magdalenas en nuestra propia **AGENCIA DE DETECTIVES**! —dijo Colette.

Las chicas del Club de Tea se MIRARON unas a otras y se quedaron sentadas en aquella BUHARDILLA multicolor y llena de aromas, recordando cómo había empezado la historia que las había llevado hasta allí...

ASÍ EMPEZÓ TODO...

En la Universidad de Ratford todas las semanas estaban llenas de actividades, aunque la que acababa de **PASAR** podría haber ganado el primer premio en el concurso <<***Semana más movida del semestre***>>.

Por eso, cuando aquel viernes sonó el **timbre** anunciando el final de la última clase, las chicas del Club de Tea casi ***NO PODÍAN CREER*** lo que oían. ¡Había llegado el esperado fin de semana!

—Chicas, ¿os dais cuenta? ¡Tenemos DOS DÍAS ENTEROS PARA NOSOTRAS! —exclamó Nicky mientras salía al patio de la universidad con sus amigas.

—Perdona que te corrija, pero son dos días y medio porque la tarde acaba de empezar —puntualizó Pam EMOCIONADA.

—¿Y qué podemos hacer?

—Me APETECERÍA un poco de yoga —suspiró Violet—. Después de pasar tanto tiempo delante del pupitre, necesito ESTIRAR los músculos y relajar la mente.

—Mis músculos también necesitan moverse —asintió Nicky—. Sería fantástico salir a correr al aire libre... quizá a la playa.

—Pues yo quiero dedicarle tiempo a *La tienda de los sueños* —dijo Colette—. Es una novela apasionante, pero esta semana he leído poquísimas PÁGINAS.

—Tú tienes ganas de leer, y yo de escribir un CORREO ELECTRÓNICO muy largo a mi hermanita María —sonrió Paulina.

—Yo, en cambio, pensaba empezar el fin de semana con una SUCULENTA merienda a base de tarta y batido —anunció Pamela, mientras le sonaban las tripas.

Violet dijo pensativa:

—Así no vamos a poder estar JUNTAS... tenemos planes muy diferentes.

—Bueno, nadie dice que no se puedan conciliar —reflexionó Nicky. Luego se dirigió a Colette—: Cocó, ¿aún tienes la cesta de PÍCNIC que usamos en primavera?

—¡Pues claro! —asintió Colette—. Está en la habitación, encima del armario.

—Perfecto. CORRE a buscarla, y de paso coge tu novela —sonrió Nicky—. Y tú, Violet, ve a ponerte ROPA cómoda para hacer yoga. Yo también voy a cambiarme... Mientras, tú, Paulina, coge la TABLETA.

—Esperad un momento... no entiendo nada —murmuró Pamela perpleja—. ¿Qué idea se te ha ocurrido? Y... ¿yo qué hago?

—Tú ESPÉRANOS aquí —le pidió Nicky—. Y no te preocupes. Nos vemos dentro de muy poco, y te aseguro que podremos **PASAR EL FIN DE SEMANA... ¡LAS CINCO JUNTAS!**

Un encuentro muy raro

—Bueno, ¿nos dices qué idea se te ha ocurrido? —preguntó curiosa Violet, mientras la bolsa con la esterilla de yoga le golpeaba la cadera al ritmo de sus pasos.

Las chicas llevaban un rato CAMINANDO por las calles del centro de Ratford, y Nicky todavía no les había dado a sus amigas ni una minúscula pista de los misteriosos planes que tenía en mente.

—Pronto lo descubriréis... —dijo la muchacha girando por el pasaje de las Margaritas.

—Vaaaale —SONRIÓ Pamela aspirando el dulce aroma que se extendía por la calle—. Creo que ya empiezo a entenderlo...

Colette asintió y SEÑALÓ la cesta de pícnic que llevaba colgada del brazo.

—Compraremos la MERIENDA en la pastelería, la meteremos aquí dentro y luego...

—... nos la comeremos en la PLAYA —añadió Paulina—. Y después...

—... y después nos quedaremos allí y cada una hará lo que deseaba hacer, pero... estaremos todas juntas —concluyó Nicky, justo cuando llegaban delante de la puerta de la *Pastelería Daisy*.

—¡Buenos días, chicas! —las saludó Tamara—. ¿Queréis sentaros dentro o en el jardín?

—Hoy nos llevaremos tus delicias a la playa, gracias —contestó Violet.

Mientras Tamara preparaba lo que habían pedido, las cinco amigas se quedaron esperando frente a la barra llena de pasteles OBSERVANDO a su alrededor.

—Mirad, ¿ése no es Colin? —preguntó Colette, refiriéndose a un chico que estaba SENTADO solo en una mesa de la pastelería.

Colin era un alumno que había llegado a la Universidad de Ratford hacía poco y asistía a algunas clases con el Club de Tea.

¡Es Colin!
Mmm...

Paulina aguzó la vista y confirmó:

—¡Sí, es él! ¡VAMOS A SALUDARLO!

Las chicas se acercaron a su compañero, pero él no las recibió como esperaban:

—¡AH, HO-HOLA! —farfulló Colin, primero palideciendo y luego sonrojándose.

Paulina vio que el muchacho trataba de OCULTAR con los brazos un cuaderno que tenía encima de la mesa.

—¿Va todo bien? —le preguntó.

—SÍ, TODO MU-MUY BIEN —balbuceó bastante nervioso.

Intentó acercar el cuaderno para esconderlo debajo de la mesa, pero... se le escapó de las manos y CAYÓ al suelo.

Las chicas del Club de Tea observaron a su nuevo compañero mientras éste se agachaba a recogerlo A TODA PRISA y se miraron entre ellas PERPLEJAS.

Colin era un muchacho más bien tímido. A lo mejor había ido a la Pastelería Daisy a releer unas páginas de su diario, y la llegada de las cinco muchachas lo había puesto un poco NERVIOSO...

—Sólo queríamos saludarte un momento —dijo Colette—. Ahora tenemos que IRNOS.

Pero antes de que tuvieran tiempo de alejarse, las chicas oyeron a su espalda la voz de Colin:

—¡ESPERAD UN MOMENTO!

Entonces las muchachas se dieron la vuelta y vieron al chico junto a ellas con el cuaderno en la mano y muy cohibido.

—Perdonad que me haya comportado de una manera tan extraña —se **JUSTIFICÓ**.

—Perdona tú, no queríamos molestarte —lo tranquilizó Colette.

—No tiene nada de malo que prefieras estar solo para releer tu diario —añadió Paulina.

—Bueno, esto no es un diario —explicó el muchacho, y se sonrojó de nuevo—. Además... NI SIQUIERA ES MÍO.

Al oír esas palabras, las chicas del Club de Tea se miraron con CURIOSIDAD.

En ese preciso momento, Tamara asomó la cabeza detrás de la barra:

—¡Chicas, aquí tenéis lo que me habéis pedido!

—Gracias —contestó Paulina DESVIANDO la mirada de la pastelera a Colin—. Pero hay cambio de planes. Nos quedaremos a merendar aquí, junto con nuestro amigo Colin.

El cuaderno turquesa

Pero ¿qué hacía Colin con un cuaderno que no **era suyo**?

Las chicas estaban impacientes por oír una respuesta, así que se sentaron a la mesa de la *pastelería* con su compañero y escucharon atentamente lo que les contó.

—¿Conocéis la parte del **PASEO MARÍTIMO** donde hay unos bancos de colores? —les preguntó Colin.

—Sí, suelo ir a correr mucho por allí —asintió Nicky.

—Yo también. En realidad, es justo lo que he hecho **ESTA MAÑANA** —dijo Colin con una sonrisa—. Y antes de regresar me he sentado en

un banco a contemplar el panorama mientras recuperaba el aliento...
Luego, un MOMENTO antes de echar a correr para volver a la universidad, Colin les explicó que había visto un cuaderno con la cubierta color turquesa en el banco.

—Al principio he **MIRADO** a mi alrededor, esperando ver si aparecía el dueño del cuaderno —prosiguió Colin—. Pero el tiempo **PASABA**, y no llegaba nadie. Bueno, al final ha venido un ser con alas y un **PICO MUY CURIOSO**.

—¡¿Alas?! ¡¿Pico?! —exclamó Paulina sorprendida.

—Sí... era una gaviota —aclaró Colin—. Se ha posado junto al cuaderno y ha empezado a **PICOTEAR** las páginas. Yo tenía que volver a Ratford, si no quería llegar **TARDE** a clase...

—... y para no dejar el cuaderno en manos... mejor dicho, en el pico de la gaviota, TE LO HAS LLEVADO —se anticipó Violet.

—Exacto —confirmó Colin—. Y creedme, no lo he abierto en toda la mañana, porque no me parecía CORRECTO mirar los papeles de otra persona.

—En estos casos, creo que lo único que se puede hacer es llevarlo a la OFICINA DE OBJETOS PERDIDOS —explicó Violet a su nuevo amigo.

—Tienes toda la razón —asintió el muchacho—. Es lo PRIMERO que he pensado. Pero hoy es viernes, y la oficina no abre hasta la semana que viene...

—¡Eso es muchísimo tiempo! —exclamó Colette—. Si yo perdiera algo importante, no me gustaría tener que esperar tantos días para recuperarlo.

—Exacto. Pero al final he COMPRENDIDO que la única forma de saber a quién pertenecía el cuaderno turquesa era mirar entre las páginas. Por eso, cuando habéis llegado precisamente lo estaba HOJEANDO.

Entonces las chicas del Club de Tea se intercambiaron una mirada de complicidad: comprendían que Colin tenía BUENAS intenciones, y en aquel caso ellas también creían que era la única manera de intentar DEVOLVERLE el cuaderno a quien lo había perdido.

—Supongo que en la primera página no consta el *nombre del dueño*... —dijo Pamela.

—No —negó Colin—. No hay ningún nombre y no he encontrado ninguna otra información ÚTIL en el interior. Como os decía, no es un diario, más bien es un cuaderno... ¡MUY PECULIAR!

—Eh... esto no es un cuaderno, ¡es una OBRA DE ARTE! —exclamó Colette empezando a examinar las hojas de colores, escritas con una letra pequeña y ordenada, probablemente femenina. Las páginas no empezaban con el típico «Querido diario», sino que contenían relatos cortos y poemas acompañados de dibujos, adhesivos e imágenes recortadas de periódicos.

—Esperad un momento... ¡aquí dentro hay algo! —anunció Pamela, recogiendo del suelo una tarjeta que había caído de entre las páginas.

—¿Qué es? ¿Un CARNET de estudiante? —preguntó Nicky esperanzada—. ¿Hay algún nombre?, quizá ¿una fotografía?

—No —contestó Paulina, observando con atención la tarjeta—.

¡ES UNA ENTRADA PARA UN CONCIERTO!

—Un concierto previsto para la semana que viene —observó Violet.

—Eso significa que una chica de la isla ha PERDIDO el cuaderno donde anota sus pensamientos con esmero y pasión y, además, la ENTRADA para un concierto que va a celebrarse dentro de pocos días —resumió Colette.

—Chicos, no sé cómo lo veis, pero yo creo que deberíamos HACER ALGO —declaró Pamela muy convencida.

—Ya, pero ¿qué? —preguntó Colin desanimado—. De momento no he logrado encontrar ninguna PISTA.

—Tú mismo lo has dicho: de momento... —replicó Nicky—. Pero tengo la sensación de que si seguimos indagando, tarde o temprano descubriremos alguna cosa.

—¿Creéis que podríais ENCONTRAR a la dueña del cuaderno? —preguntó Colin.

—Probablemente, sí —asintió Paulina—. Y nos vamos a esforzar para devolverle lo que es suyo. Es lo correcto.

—Sí, es lo más apropiado —asintió Colin con un hilo de voz y la MIRADA fija en las páginas abiertas.

Colette observó con atención a su amigo: por la manera en que jugaba con las esquinas del cuaderno comprendió que Colin, sensible y soñador, empezaba a sentir un vínculo con la chica misteriosa, y ahora TEMÍA entregar a otras manos aquel objeto que era ya tan importante para él.

—Confía en nosotras —dijo Colette poniéndole una mano en el hombro—, **trataremos con cuidado** el cuaderno y haremos todo lo posible por encontrar a su dueña. Ya verás, estudiaremos bien el caso y en cuanto descubramos alguna cosa, serás el **PRIMERO** en saberlo.

Colin la miró a los ojos y sonrió:

—**De acuerdo. Confío en vosotras y en vuestra intuición**. Llevaos el cuaderno, seguro que haréis más progresos que yo.

Detectives del corazón

CLIENTE: COLIN

TOP SECRET

CASO: El cuaderno turquesa

NOMBRE:
Colin.

PROFESIÓN:
estudiante.

¡LAS DETECTIVES DEL CORAZÓN SIEMPRE ESTÁN DISPUESTAS A AYUDAR A UN AMIGO!

SE DIRIGE A NOSOTRAS PORQUE:
ha encontrado un cuaderno abandonado en un banco y desea localizar a su dueña.

LUGAR DEL HALLAZGO:
paseo marítimo de la Isla de las Ballenas.

¡LA OFICINA DE OBJETOS PERDIDOS DE LA ISLA DE LAS BALLENAS NO ABRE HASTA EL LUNES!

PISTAS INICIALES:
ninguna, pero... no nos daremos por vencidas.

NOTAS:
dentro del cuaderno hemos encontrado la entrada para un concierto que va a tener lugar la próxima semana. Es muy urgente encontrar a su dueña.

¿? ¿? ¿?

ES NUESTRO PRIMER CASO... ¿CONSEGUIREMOS RESOLVERLO?

Empieza la investigación

Aquella tarde al volver a la universidad, las chicas se concentraron en las PÁGINAS del cuaderno turquesa. Buscaban algún detalle, aunque fuera mínimo, que sirviese para localizar a la misteriosa dueña.

La lectura de aquellos textos era muy sugestiva, pero no encontraron las PISTAS que esperaban. Eso hizo que tuvieran aún más ganas de resolver el misterio.

—Chicas, mirad qué *letra* tan perfecta, y cuántos dibujos —comentó Violet mientras hojeaba el cuaderno—. La muchacha que lo ha perdido le ha dedicado muchísimo **TIEMPO** y ESFUERZO al cuaderno.

—Sí, por eso merece que se lo DEVOLVAMOS —concluyó Pamela, antes de desearles las buenas noches a sus amigas.

Al día siguiente, después de DESAYUNAR junto con las demás, Colette les anunció:

—Chicas, esta noche he estado pensando, y ¡me parece que ya sé por dónde podemos empezar la INVESTIGACIÓN!

—¡Eso es fantástico! ¿Has encontrado alguna pista en el cuaderno turquesa? —preguntó Violet, volviendo a hojear atentamente las PÁGINAS.

AQUÍ GUARDAMOS LAS FOTOCOPIAS DE TODAS LAS PÁGINAS DEL CUADERNO.

LA DUEÑA DEL CUADERNO DIBUJA Y DESCRIBE MUY BIEN LAS EMOCIONES. A LO MEJOR ES UNA ARTISTA... ¿UNA PINTORA? ¿UNA POETISA?

Detectives del corazón

TOP SECRET

CASO: El cuaderno turquesa

CASO: El cuaderno turquesa

- Hemos fotocopiado el cuaderno para no estropear las páginas de tanto hojearlas.
- Además, así podemos ampliar algunas partes para examinarlas mejor.

«Girar y volver a girar. / Girar y después volar. / Subir al cielo azul y hacia otro azul mirar. / Y tender la mano para tocar el horizonte que el marinero sólo podrá admirar.»

—Por desgracia, no —negó Colette—. Pero creo que deberíamos PARTIR del lugar donde se perdió el cuaderno, porque es la única pista que tenemos.

—Tienes razón —asintió Nicky—. No es mucho, pero por lo menos es un PUNTO de partida.

—Bien, pues, ¿a qué esperamos? —preguntó Paulina LEVANTÁNDOSE—. ¡Vamos!

Cuando llegaron al paseo marítimo, Colette señaló un banco a sus amigas:

—Aquí es donde se detuvo Colin y ENCONTRÓ el cuaderno.

Las cinco amigas se sentaron y entonces se pusieron a reflexionar.

—Si yo hubiera perdido el cuaderno —empezó Paulina, MIRANDO a su alrededor—, lo primero que haría sería buscarlo en los sitios donde estuve.

—Es verdad —asintió Violet—. Quizá ella haga lo mismo. QUEDÉMONOS AQUÍ un rato y esperemos.

Aguardaron durante varios minutos, pero solamente vieron PASAR a deportistas como Nicky y Colin, o bien a familias que disfrutaban del espléndido clima suave de aquel sábado dando un paseo.

—Nadie a la vista... y ahora ¿qué podemos hacer? —dijo Colette bastante decepcionada.

—Pues... no tengo la más MÍNIMA idea —respondió Paulina, mirando alrededor desanimada. De pronto aña-

dió—: Un momento... ¿veis el **quiosco** de ahí enfrente?

—Sí —contestó Pam distraídamente, pero al instante lo COMPRENDIÓ—: ¡Claro!

El quiosquero durante todo el día mira en esa DIRECCIÓN, hacia el banco donde Colin encontró el cuaderno.

—Como si fuera el OBJETIVO de una cámara de vídeo —respondió Pamela—. ¡Qué excelente idea has tenido, Paulina...! Esperemos que nos pueda AYUDAR.

Las cinco amigas se acercaron decididas al quiosquero y Violet dijo:

—Buenos días, señor, perdone que lo molestemos. ¿Ayer por la mañana VIO a una chica sentada en aquel banco de color blan...?

—¿Si vi a UNA chica sentada en el banco? —la interrumpió el quiosquero—. Sí, claro, pero NO VI A UNA, VI A MUCHAS. ¿Tenéis idea de cuántas chicas pasan por el paseo marítimo a lo largo del día?

—Pero no es una chica cualquiera —intervino Colette, sacando del bolso el CUADERNO turquesa—. Buscamos a una muchacha que siempre lleva esto. ¿LA VIO?

El quiosquero observó el cuaderno con atención y asintió lentamente, antes de estallar en una sonora CARCAJADA:

—¡Pues, claro! Pasa por aquí cada mañana, desde hace unas semanas. Siempre lleva una gorra y ese cuaderno en la mano, y unos cascos más o menos del mismo color. Se sienta en ese banco y mira el MAR moviendo la cabeza al ritmo de la música.

—Es una información en realidad MUY ÚTIL. ¡Gracias! —exclamó Nicky.

—¿Alguna vez le ha visto la cara a la chica? —inquirió Pamela—. ¿Podría describirla?

El quiosquero se quedó pensando:

—Vamos a ver... debe tener aproximadamente vuestra edad, es PELIRROJA y tiene el pelo largo y ondulado.

¡Sí, la he visto!
¡Fantástico!

—Me gustaría saber **ADÓNDE VA** después de escuchar música sentada en el banco... —comentó Violet.

—**NO SÉ** adónde se dirige —respondió el quiosquero—, pero cuando se levanta del banco siempre se marcha por esa calle de **AHÍ**.

Al oír esas palabras, las chicas del Club de Tea se entendieron sin necesidad de hablar. Se les aceleró el corazón por la **emoción**: si querían acercarse a la solución del misterio, solamente tenían que seguir la **DIRECCIÓN** que les señalaba el quiosquero.

LA CHICA DE LOS TULIPANES

Entusiasmadas con los primeros progresos de la **INVESTIGACIÓN**, las chicas del Club de Tea se adentraron en la calle por donde pasaba todos los días la dueña del cuaderno **MISTERIOSO** y empezaron a andar a buen paso.

Pero al cabo de un buen rato su búsqueda sufrió una **BRUSCA FRENADA**...

—¡Oh, no! ¿Y ahora qué hacemos? ¿Hacia dónde nos dirigimos? —preguntó Colette al llegar a un **CRUCE**.

—Vamos a ver... Si yo fuera la muchacha del cuaderno turquesa, ¿por dónde iría? —se preguntó Pamela mirando los rótulos de las calles—. ¿Al puerto o al mirador?

—ME TEMO que jugar a las adivinanzas no nos servirá de gran cosa —suspiró Violet DESCONSOLADA, sentándose en un banco de piedra.

Sus amigas la imitaron.

Todas se quedaron pensando unos minutos, bastante desanimadas, hasta que Paulina abrió mucho los ojos y exclamó:

—¡El cuaderno! ¡Rápido, Cocó, dame el cuaderno!

—¿Qué pasa? ¿Qué estás buscando? —le preguntó Nicky, al verla HOJEAR velozmente las páginas como si buscara una en concreto.

—Puede que me equivoque, pero... ¡Aquí está! —anunció por fin Paulina—. Mirad lo que hay escrito: *Girar y volver a girar. Girar y después volar. Subir al cielo azul y hacia otro azul mirar.*

—*Girar y volver a girar. Girar y después volar...* —repitió Pamela—. Quizá se refiera a un tiovivo de esos con asientos que suben y vuelan mientras van **GIRANDO**.

—Sí, eso creo yo también —asintió Paulina—. ¿Y dónde hay un tiovivo como ése?

—¡En el **MIRADOR**! —exclamó Colette—. ¡Vamos, corred!

En un instante, las cinco amigas llegaron a la terraza PANORÁMICA del mirador de la Isla de las Ballenas.

—Fijaos, ahí justo enfrente está el tiovivo —señaló Violet.

—*Y tender la mano para tocar el horizonte que el marinero sólo podrá admirar* —Paulina citó de memoria los versos del cuaderno turquesa que las habían llevado hasta allí arriba.

—Mirad, chicas, ¡aquí también hay la ESTATUA de un marinero!

—No hay ninguna duda: después de estar en el paseo marítimo, la MUCHACHA MISTERIOSA venía aquí —afirmó Nicky contundentemente—. Pero ¿qué es lo que hacía?

—A lo mejor venía a tomar algo —sugirió Pamela, señalando una heladería con mesas al aire libre, llena de turistas.

¡LA ESTATUA DEL MARINERO!
¡ES AQUÍ!

—Y el MAR que veía a lo lejos le inspiró los versos —añadió Violet.

Las cinco amigas le pidieron **información** al heladero.

Al oír la descripción, él contestó:

—¡Pues sí... es **la chica de los tulipanes**!

—¿¡¿La chica de los tulipanes?!? —dijo Colette frunciendo el ceño.

—No sé cómo se llama, pero estoy segurísimo de que es la chica que BUSCÁIS —insistió él muy convencido—. Es pelirroja y cuando llega apaga la música, se quita los cascos y siempre pide lo habitual: macedonia de fruta con yogur. Luego se sienta en aquella mesa y se pone a **ESCRIBIR** en su cuaderno hasta la hora de comer. Y después se marcha.

—Muy bien, pero ¿qué pintan los **TULIPANES**? —quiso saber Pamela.

El heladero **SONRIÓ**:

—La muchacha siempre lleva un **ramito de tulipanes**. Unos días son rojos, otros amarillos, otros blancos, pero... **siempre son tulipanes**.

Las chicas del Club de Tea le dieron las gracias al heladero y se ***ALEJARON*** satisfechas. El paseo no había sido decisivo, pero sí útil. Al menos ahora tenían otra pieza para elaborar el retrato robot de la chica: los **TULIPANES**.

Y eso era justo lo que

LAS CHICAS DEL CLUB DE TEA ¡NECESITABAN PARA DESPEGAR!

TOP SECRET

RETRATO ROBOT

Detectives del corazón

CASO: El cuaderno turquesa

NOMBRE: desconocido... por ahora. Pero ¡lo descubriremos pronto!

QUIÉN ES: ¡la misteriosa dueña del cuaderno turquesa!

¡Le gustan los tulipanes de todos los colores!

¡Lleva unos cascos de color turquesa!

¡Pelo largo, pelirrojo y ondulado!

¡Le gusta la macedonia de fruta con yogur!

Con las pocas pistas que tenemos, Colette ha dibujado este retrato robot... ¿Quién será?

¡Por fin un nombre!

—A ver, chicas, recapitulemos —propuso Colette sentándose con sus amigas al pie de la estatua del marinero—. Cuando el quiosquero nos ha descrito a la muchacha que buscamos, no ha dicho nada de TULIPANES...

—Pero el heladero ha hablado enseguida de ellos —añadió Violet.

—Esto significa que la propietaria del cuaderno turquesa compra los tulipanes en el camino que va del paseo marítimo a la puerta del mirador —dedujo Nicky.

—Mmm... no recuerdo que haya FLORISTERÍAS en esa calle —comentó Pamela.

—Sí, pero no hemos tenido en cuenta las **calles secundarias** —dijo Paulina.
Entonces cogió el **móvil**, tecleó rápidamente algo y poco después anunció:
—Hay **TRES** floristerías en la zona.

—¡Eres un genio, Pilla! —exclamó Colette aplaudiendo satisfecha.

Las chicas del Club de Tea siguieron las INDICACIONES de la pantalla del móvil y recorrieron la zona en busca de las tiendas que habían LOCALIZADO.

En la primera y segunda floristería nadie recordaba a una clienta que fuera a comprar tulipanes y que respondiera a la descripción de la MUCHACHA MISTERIOSA.

—Bueno, por eliminación, la tercera floristería tiene que ser —dijo Nicky confiada, mientras las cinco amigas se DIRIGÍAN a la última tienda de la lista.

—Parece que está cerrada —anunció Colette cuando llegaron delante del escaparate de la tienda.

Llamaron e intentaron abrir la puerta, pero fue en vano.

—Dentro está muy oscuro, y NO HAY NADIE —confirmó Pamela, aplastando la nariz contra el escaparate de la floristería para ESPIAR el interior.

—¿Y ahora qué podemos hacer? —preguntó Violet decepcionada—. ¿Volvemos más tarde?

¡DRIN! ¡¡DRIN!! ¡¡¡DRIN!!!

—Buenos días, chicas —las saludó de repente una voz ALEGRE, acompañada del sonido de un timbre.

Las cinco amigas se giraron y vieron llegar a una DESCONOCIDA con el pelo recogido en un moño, montada en una bicicleta con la cesta llena de ramos de FLORES DE COLORES.

Flowers
¡Buenos días!
¡Ya voy!

—Perdonad, pero me han llamado del vivero diciendo que habían LLEGADO las peonías y no he resistido la tentación de ir a buscarlas —explicó la florista. Y enseguida bajó de la bicicleta y CORRIÓ a abrir la puerta de la tienda—. ¿En qué puedo ayudaros?

Las chicas del Club de Tea la siguieron y después le hablaron de la MUCHACHA a la que estaban buscando.

—¡Pues claro que sé quién es! —exclamó la florista con una gran sonrisa—. ¡BUSCÁIS A VANESSA!

Y les dijo que era SOBRINA de Clara y Scott Brent, un matrimonio que vivía en la Isla de las Ballenas.

—Sus tíos son muy buenos clientes míos —continuó contando la florista— y, desde que llegó a la isla para pasar las VACACIONES con ellos, Vanessa también lo es. Quiere tanto a su tía que cada mañana viene a comprar un ramo de TULIPANES, sus flores preferidas.

Entonces las chicas del Club de Tea se miraron satisfechas. ¡Por fin sabían el nombre de la CHICA MISTERIOSA!

—¿Sería tan amable de decirnos dónde viven los señores Brent? —preguntó Nicky esperanzada—. Resulta que hemos encontrado un objeto que nos parece que pertenece a Vanessa y nos gustaría DEVOLVÉRSELO.

—También nos sería de gran ayuda tener su teléfono —añadió Violet con una amable sonrisa—. De ese modo podríamos anunciarles nuestra visita y también asegurarnos de que no vamos a MOLESTAR.

—A ver... creo que alguna vez han pedido entregas a domicilio... —comentó la florista. Luego se puso las GAFAS y abrió sobre el MOSTRADOR la agenda donde anotaba los datos de los clientes—. Aquí están: Clara y Scott Brent. Tengo la dirección y el número de teléfono. Os lo apunto todo en un papel.

Usamos nuestro tablón de anuncios para reunir todos los datos de la investigación.
¡Aquí TODOS LOS AVISTAMIENTOS de la chica misteriosa!
INTUICIÓN + PACIENCIA + SUERTE = ¡CASO (casi) RESUELTO!
Avistamiento n.º 1 QUIOSCO
Avistamiento n.º 3 FLORISTERÍA
Avistamiento n.º 2 HELADERÍA

EL QUIOSQUERO
La primera vez fue vista en el paseo marítimo, junto al quiosco.
Detectives del corazón
TOP SECRET
CASO: El cuaderno turquesa
EL HELADERO
La segunda vez fue vista en el mirador.
¡AVISAR CUANTO ANTES A COLIN!
LA FLORISTA
La tercera vez, la decisiva, fue vista en la floristería.
Tenemos un nombre:
VANESSA BRENT
¡Ahora sólo nos falta encontrarla!

Cita en el banco blanco

Al salir de la floristería, las chicas del Club de Tea LLAMARON a la casa de los Brent y hablaron con la señora Clara.

La tía de Vanessa les dijo que su sobrina estaba buscando DESESPERADAMENTE el cuaderno y que en ese momento había salido a recorrer la isla con la esperanza de ENCONTRARLO.

—Se alegrará muchísimo de saber que lo tenéis vosotras —comentó la señora Clara contenta—. ¿Podéis venir a casa ahora? Voy a llamarla para decirle que VUELVA.

Pero antes de ir a la casa de los Brent, las chicas decidieron que debían avisar a **alguien**: Colin merecía conocer el GIRO POSITIVO de la investigación.

—La chica se llama Vanessa, y ahora iremos a **VERLA** a la casa de sus tíos —le dijo Colette a su compañero.

—¡ES REALMENTE INCREÍBLE! ¡LA HABÉIS ENCONTRADO! —exclamó Colin emocionado por teléfono.

—VAMOS a ir ahora mismo... ¿por qué no nos acompañas? —preguntó Violet—. Al fin y al cabo, el cuaderno lo encontraste tú.

—Sí, pero como INVESTIGADOR no soy muy bueno que digamos... —rio él.

—Pero tuviste la buena idea de confiar en nosotras —replicó Nicky sonriendo.

—¡Tienes que venir a conocer a Vanessa! —dijo Pam muy resuelta—. Nos vemos dentro de un cuarto de hora en el banco, y luego IREMOS juntos a la casa de los Brent.

Colin vaciló durante un instante, pero al final aceptó encantado:

—De acuerdo. ¡Hasta ahora!

Las chicas llegaron al PASEO MARÍTIMO y se sentaron en el banco a esperar.

—Estoy CONTENTA —dijo Colette, y dejó el cuaderno junto a ella.
En ese momento un DESCONOCIDO se sentó a su lado.

—Perdonen, señoritas, que las moleste —dijo el desconocido—, ¿puedo pedirles una información? ¿Saben CÓMO SE LLEGA al embarcadero del hidroplano? Tengo que recoger a un amigo y no sé cómo llegar.

—Por supuesto, señor —asintió Colette en tono amable, levantándose para señalarle la DIRECCIÓN que debía tomar—. A pie se tarda solamente unos cinco minutos...

Poco después, mientras el desconocido se alejaba hacia el puerto a GRANDES PASOS, Paulina comentó:

—Me parece muy raro... va corriendo como si llegara TARDE. Ha dicho que iba a recoger a un amigo, pero el próximo hidroplano no llega hasta ESTA NOCHE.

De pronto, algo le llamó la atención:

—Eh, chicas, un momento, pero ¿¿¿dónde está el cuaderno???

—Ahí, encima del banco —respondió Colette, pero enseguida se calló.

Luego siguió la mirada de su amiga y también vio que... **¡El cuaderno había desaparecido!**

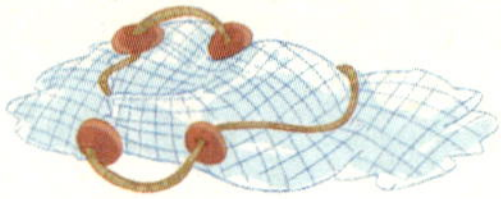

Caza al ladrón

—¿Cómo es posible? —preguntó Violet mirando con SORPRESA el banco vacío—. Estaba ahí hace un momento.

—Ha sido el DESCONOCIDO que nos ha preguntado por el embarcadero —contestó Pamela—. Tiene que haber sido él, no hay otra explicación...

Colette frunció el CEÑO:

—¿Y por qué iba a hacer algo así?

—No lo sé —respondió Pamela—. A lo mejor ha sido por ERROR... Al llegar ha dejado su chaqueta en el banco al lado del cuaderno, ¿os acordáis? Igual lo ha COGIDO con la chaqueta sin darse cuenta.

—Mirad, está ahí, todavía podemos alcanzarlo —dijo Paulina SEÑALANDO al desconocido, que se alejaba rápidamente.

Las cinco amigas se ***LANZARON*** a perseguirlo. En un momento dado, el desconocido se dio la vuelta y las chicas

aprovecharon para **HACERLE SEÑAS** con los brazos. Pero en vez de pararse, él apretó el cuaderno turquesa entre las manos y... **¡SE DIO A LA FUGA!**

—Pero ¿qué hace? ¡Huye! —exclamó Nicky sin dejar de **CORRER**.

—Quizá no lo haya cogido sin querer... —insinuó Pamela acelerando el paso.

—¿¡¿Para **qué querra** el cuaderno de Vanessa?!? —resopló Violet agotada, mientras el **DESCONOCIDO** tomaba la calle que bajaba hasta el puerto.

—Sólo lo averiguaremos si lo atrapamos —dijo Colette decidida.

Pero al llegar al puerto, las chicas se vieron obligadas a **FRENAR** el paso. El muelle estaba lle-

no de turistas y el desconocido había dejado de CORRER e intentaba pasar desapercibido entre la multitud.

—¡Está ahí! —gritó de repente Paulina, señalando una SILUETA que se dirigía hacia un muelle desierto.

—¡Por mil motores motorizados, deténgase! —chilló Pam.

Por toda respuesta, el desconocido aceleró, pero las chicas estaban muy cerca.

—¡Devuélvanos el cuaderno! —le exigió Nicky.

—¡Nunca! ¡No tengo ninguna intención de renunciar a una PRIMICIA!* —respondió el desconocido, sin darse cuenta que estaba cometiendo un GRAVE ERROR.

Y, al darse la vuelta para responder, el ladrón no vio la MARAÑA de redes de pesca que había un poco más adelante.

*Una primicia es una noticia impactante que da un medio de comunicación por primera vez.

¡OH, NO!
¡CUIDADO!
¡SE CAERÁ AL AGUA!

—¡TENGA CUIDADO!—lo avisó Violet. Pero era demasiado tarde. El desconocido tropezó y acabó en el agua con un sonoro ¡CHOF!, mientras el cuaderno turquesa VOLÓ por los aires y cayó en el muelle.

¡Una revelación increíble!

—¡Usted nos debe una explicación! —le espetó Pamela, tras ayudar al **LADRÓN** del cuaderno a salir del agua.

—Lo siento mucho chicas, pero yo no tengo que dar ninguna explicación —replicó el desconocido con **SUFICIENCIA**, ajustándose las gafas sobre la nariz.

—Pues yo creo que sí —insistió Colette—. Nos ha **DISTRAÍDO** para apoderarse del cuaderno. No sé si se da cuenta, pero ¡ha cometido un **ROBO**!

El ladrón se encogió de hombros, y mientras trataba de **ESCURRIRSE** la ropa empapada, respondió:

—Yo no lo considero un robo. Como mucho, es una manera algo extrema de **CONSEGUIR** material para mi próximo artículo.

—Usted puede llamarlo como quiera, pero sigue siendo un **ROBO**... —empezó a decir Violet. Pero de pronto se interrumpió y preguntó—: ¿Un **artículo**? ¿De qué artículo habla?

—Y antes también ha mencionado una primicia —recordó Colette.

El desconocido MIRÓ a las chicas con aire despectivo:

—Sí, ¡una PRIMICIA! Eso es lo que será la publicación en exclusiva de las letras de las nuevas canciones de la famosa Vanessa Doll.

—Vanessa Doll... —repitió Nicky—. Tengo la impresión de haber oído antes ESE NOMBRE.

—¡Pues claro! Seguro que has escuchado sus canciones —dijo Colette y empezó a cantar:

—Si tienes un sueño, te ilusionarás...

—Si persigues tu sueño, lo cumplirás...

—completó Nicky sorprendida—. Pero ¿qué tiene que ver la cantante con este cuaderno?

—Este cuaderno pertenece a una chica llamada Vanessa, pero su apellido es Brent —explicó Violet.

—Su *verdadero* nombre es **Vanessa Brent** —la corrigió el desconocido.

—Pero su nombre artístico es **Vanessa Doll**.

Las chicas del Club de Tea no se lo podían creer... pero escucharon atentamente el relato del hombre, que por fin se presentó: era Robert White, enviado especial de STARS, una revista de **CHISMES** muy conocida.

—Según mis fuentes —explicó el **periodista**—, la famosa cantante pop, **Vanessa Doll**, llegó hace un par de semanas a la Isla de las Ballenas a visitar a sus tíos.

—**¡Los señores Brent!** —exclamó Colette.

—Exactamente. Por lo que he podido averiguar, Vanessa quería DESCANSAR un poco de su vida de famosa y volver a ser una chica corriente, para trabajar con calma las *letras* de su nuevo álbum.

—O sea que usted la estaba siguiendo —lo acusó Pam indignada.

—La SEGUÍ hasta la isla y llevo unos días sin perderla de vista... —admitió White.

—Ya, para PONER SUS MANOS sobre lo que nosotras creíamos que eran poemas, y ahora resulta que son las letras inéditas del próximo álbum —reconstruyó Paulina.

—Pues, sí. Y cuando por fin, después de tantas horas de guardia, iba a conseguir el cuaderno va y llega ese chico a ESTROPEARME el plan —replicó White ofendido.

—Imagino que ese muchacho es nuestro amigo Colin —comentó Violet.

Entonces el periodista se les ACERCÓ con aire amistoso y añadió:

—Ahora que sabéis de qué estamos hablando, podríais dejarme FOTOGRAFIAR las páginas más interesantes del cuaderno. Evidentemente, os incluiría en los agradecimientos de mi artículo.

Colette apretó con *fuerza* contra el pecho el cuaderno turquesa:

—Señor White, ¿recuerda que le hemos **explicado** el camino para llegar al embarcadero de los hidroplanos?

—Sí, claro, ¿por qué? —contestó sorprendido.

Colette lo **FULMINÓ** con la mirada:

—Porque le aconsejo que se vaya ahora mismo, y suba al primer hidroplano que salga.

¡Y NI SE LE OCURRA VOLVER!

CASO RESUELTO... PASO A PASO

Por la mañana temprano, Colin encontró el cuaderno abandonado en el paseo marítimo...

¿QUIÉN LO HABRÁ OLVIDADO EN UN BANCO?

¡EL CONCIERTO ES DENTRO DE UNOS DÍAS!

¡Entre las páginas del cuaderno, encontramos la entrada para un concierto y comprendimos que no podíamos esperar... teníamos que encontrar a su dueña!

Buscamos a una chica amante de la música: va a conciertos y escucha música con los cascos...

NO SABÍAMOS CÓMO HACERLO, PERO GRACIAS A NUESTRA INTUICIÓN Y A LAS PREGUNTAS ADECUADAS, LAS PISTAS NOS LLEVARON AL MIRADOR...

TOP SECRET
CASO: El cuaderno turquesa
Detectives del corazón
¡En el mirador descubrimos que a nuestra chica le gustan los tulipanes!
¡LA FLORISTA NOS DIO UN NOMBRE!
¡Es la sobrina de Clara y Scott Brent!
Vanessa Brent = Vanessa Doll
STARS!
exclusiva:
VANESSA DOLL
¡en la intimidad!
¡Éste es WHITE, el periodista sin escrúpulos que nos reveló la verdadera identidad de Vanessa!

Sospechas y prejuicios

—¡Ya era hora! —exclamó Colin, al ver que las chicas **LLEGABAN** corriendo al punto de encuentro—. ¿Dónde os habíais **METIDO**? Empezaba a preocuparme...

—Disculpa el retraso, pero ha pasado algo **INCREÍBLE** —explicó Violet sentándose al lado de su amigo en el banco—. Y también es inverosímil todas las noticias que hemos llegado a **DESCUBRIR**.

Las chicas del Club de Tea le contaron a Colin todo lo ocurrido desde que habían quedado con él por teléfono: el robo, la persecución hasta el puerto, la discusión con White y el DESCUBRIMIENTO de la verdadera identidad de la dueña del cuaderno turquesa.

—O sea que las frases que leímos no eran poemas, sino canciones que muy pronto grabará una cantante muy famosa —resumió Colin atónito.

—Exactamente —asintió Colette. A continuación miró a los ojos al muchacho y le preguntó—: ¿Va todo bien, Colin? Pareces... no sé cómo decirlo... DECEPCIONADO.

—Bueno... es que yo... —suspiró él—. Sí, quizá estoy un poco DECEPCIONADO.

—¿Y eso por qué razón lo dices? —inquirió Paulina perpleja.

—Cuando empecé a leer las páginas de este cuaderno que me encontré por casualidad en el banco, tuve la sensación de que iba conociendo poco a poco a la persona que lo había escrito, una chica **DULCE** y **simpática**, una muchacha por la que empecé a sentir un gran cariño —confesó Colin, confirmando la impresión que tuvo Colette el primer día en la pastelería.

—¿Y no te apetece **CONOCERLA** en persona? —preguntó Nicky.

—Siempre la he imaginado como una chica **corriente** —respondió Colin, negando con la cabeza—. Pero ahora sé que es Vanessa Doll, una cantante con una vida de **CINCO ESTRELLAS**. Se-

guro que será una niña MIMADA y ALTIVA, que ni siquiera me mirará a la cara.

—Perdona que te lo diga, pero me parece un razonamiento muy SUPERFICIAL —comentó Pamela—. No puedes juzgar a alguien sólo por su trabajo.

—Estoy de acuerdo contigo, Pamela —asintió Violet—. Vanessa es una CANTANTE FAMOSA que tiene una vida muy distinta a la nuestra, pero también es la muchacha que ha escrito las frases que tanto nos han impresionado. Y a ti, Colin, también te impresionaron, por eso esperabas tanto de ella.

—No, en realidad, no me veo capaz de conocerla —replicó el muchacho levantándose del banco para marcharse—. ID VOSOTRAS.

—No, vamos a ir todos juntos —dijo Paulina cogiéndolo del brazo—. No vas a perder la oportunidad de conocer a una amiga especial. No dejaremos que renuncies a ello por miedo a sentirte **DECEPCIONADO**. Debes conocerla en persona, para saber quién es **EXACTAMENTE** Vanessa.

Un encuentro amargo

Cuando las chicas del Club de Tea y Colin llegaron finalmente a la casa de los Brent, las recibió una voz cristalina:

—¡Han llegado mis salvadores!

Entonces los chicos MIRARON hacia arriba y vieron a Vanessa Doll, en la terraza de su habitación, que les SONREÍA feliz y saludándolos con la mano.

A los pocos instantes, la chica abrió la puerta para RECIBIRLOS con una sonrisa igual de sincera y luminosa:

—¡Bienvenidos! ¡Pasad! Mi tía y yo hemos preparado GALLETAS. Espero que tengáis hambre.

—Cuando **HUELE** tan bien como aquí, yo siempre tengo hambre —aseguró Pamela mientras se **sentaba**.

Para las chicas del Club de Tea aquella visita a Vanessa fue como visitar a una vieja amiga. Como habían leído muchas de sus letras, conocían sus pensamientos y sentimientos. Además, Vanessa tenía un carácter alegre y abierto, era simpática y hacía que las personas que la rodeaban se sintieran a gusto.

En definitiva, era una muchacha todo lo contrario a lo que podía ser una estrella caprichosa.

—Vanessa, hemos venido a devolverte algo que te pertenece —dijo Colette entregándole el cuaderno turquesa.

—¡Gracias, gracias y mil veces gracias! —exclamó la chica, con los ojos brillándole de alegría mientras apretaba el cuaderno contra su corazón—. Nunca me separo de él, pero aquella mañana una gaviota empezó a VOLAR a mi alrededor y confieso que me asusté un poco... Al final me FUI sin el cuaderno.

—Probablemente la misma gaviota que mencionaste tú, Colin —SONRIÓ Paulina.

—Sí —asintió él.

Las chicas del Club de Tea se MIRARON atónitas. Colin era un muchacho muy testarudo. Había llegado allí convencido de que Vanessa no le iba a caer bien y no hacía nada en absoluto para ocultarlo: estaba con los brazos cruzados, cabizbajo, con cara de pocos amigos y solamente contestaba con MONOSÍLABOS.

—Cuando después me di cuenta de que no llevaba el cuaderno volví a buscarlo, pero ya no estaba —prosiguió Vanessa. Luego le sonrió a Colin agradecida y añadió—: Por suerte, estaba en buenas manos.

—¡A-ah! —respondió entonces el muchacho por toda respuesta.

—Ejem... Vanessa, dinos cómo te has sentido aquí, en la isla —intervino Violet para que la cantante no se FIJARA en la brusquedad de su compañero—. Me parece increíble que NADIE te haya reconocido.

—La gente está bastante acostumbrada a verme en la televisión, o bien en las revistas con un *look* **de estrella**. Pero si me ven por la calle sin maquillaje ya no piensan que puedo ser la cantante **FAMOSA**. Y menos mal, porque estas semanas **VIVIENDO** como una muchacha corriente he podido concentrarme en la ***hermosísima*** naturaleza que me rodeaba y escribir mi nuevo álbum...

—Sí, claro... —rio Colin.

—¿**QUÉ OCURRE?** ¿Qué he dicho? —preguntó Vanessa confusa.

Colin se encogió de hombros sin convicción:

—No, nada... **simplemente** creo que una cantante de éxito como tú no tiene nada en común con una chica **CORRIENTE**.

—Pero... yo... —empezó a decir Vanessa agobiada.

Detectives del corazón

TOP SECRET

CASO: El cuaderno turquesa

La DUEÑA LEGÍTIMA
del cuaderno turquesa es...

NOMBRE VERDADERO: Vanessa Brent

NOMBRE ARTÍSTICO: Vanessa Doll

LA CANTANTE
VANESSA DOLL
ES EN REALIDAD...

PROFESIÓN: ¡CANTANTE!

RASGOS PECULIARES:
¡¡¡ADORABLE!!!

CUANDO FUIMOS A
DEVOLVERLE EL CUADERNO,
DESCUBRIMOS QUE
ERA UNA CHICA
¡SÚPER SIMPÁTICA!

Tras un instante de REFLEXIÓN, la chica recuperó la sonrisa:

—A ver, ¿quién quiere otro vaso de limonada?

Las chicas del Club de Tea OBSERVARON que Vanessa seguía hablando como si nada, pero al mirar bien en el fondo de sus ojos descubrieron que las palabras de Colin la habían HERIDO.

La máquina del tiempo

Después de visitar a Vanessa, la vuelta a Ratford fue especialmente **SILENCIOSA**.

Colin fue durante todo el camino unos cuantos pasos por detrás de las cinco amigas, con las manos en los bolsillos y la mirada **HUIDIZA**. Las muchachas intentaban darle conversación, pero era inútil. Al **LLEGAR** a la puerta de la universidad, el chico se fue directo a su cuarto.

Las chicas del Club de Tea también **SUBIERON** a sus habitaciones pensando en lo ocurrido en la casa de los Brent.

—¿Qué te pasa, Cocó, te **PREOCUPA** algo? —se interesó Pamela.

—No, nada —respondió a media voz Colette con la nariz metida entre las PÁGINAS de su libro favorito.

—Mmm... me estás mintiendo —dijo Pamela—. Has SUSPIRADO, y no era un suspiro del tipo «Oh, la trama de esta novela me apasiona», sino del tipo «Uf, me gustaría CONCENTRARME en la novela, pero tengo la cabeza en otra parte».

Colette forzó una SONRISA y entonces cerró el libro. Su querida amiga la conocía muy bien y era imposible guardar un SECRETO delante de ella.

—De acuerdo, sí, lo reconozco: estoy preocupada —le confesó a su compañera de habitación—. No me saco de la cabeza lo MALEDUCADO que ha sido Colin con Vanessa. ¿Por qué se ha comportado así?

Pamela se encogió de hombros:

—Porque se ha dejado llevar por los **PREJUICIOS**. Ha decidido que Vanessa es una estrella **CONSENTIDA** y la ha tratado así. Me ha **DECEPCIONADO** mucho.

—Pero ¿cómo no se da cuenta de que Vanessa es una chica **estupenda**? —insistió Colette.

Justo entonces llamaron a la puerta.

¡Toc, toc!

—¿Podemos pasar? —preguntó Nicky asomando la cabeza junto a Paulina—. Tenemos una CESTA de fresas y hemos pensado compartirlas con vosotras y CHARLAR un rato...

—Estoy convencida de que vosotras también estáis pensando en Vanessa y Colin, ¿verdad? —inquirió Pamela.

—La verdad es que sí —confirmó Paulina—. ¿Os habéis fijado lo MAL que se ha sentido la muchacha?

¡Toc, toc!

—¡Hola! —saludó Violet, entrando con un termo grande

en la mano—. Me gustaria que probarais este nuevo té y...

—Y querías HABLAR de Colin y Vanessa —se anticipó Nicky.

—Lo que ha pasado es INJUSTO —suspiró Violet—. Colin es un muchacho muy dulce y estoy convencida de que Vanessa y ÉL están hechos para ser amigos...

—¿Sabéis qué os digo, chicas? —exclamó Colette muy resuelta—. Creo que lo mejor es que dejemos de hablar del tema entre nosotras y con quien deberíamos hablar realmente es con Colin.

—¡Bien dicho! —aprobó Pamela levantándose y dirigiéndose hacia la puerta—. Tenemos que hacerle entender de una vez por todas que se ha COMPORTADO MAL, y que debería ir a ver a Vanessa y...

¡Toc, toc! ¡Toc, toc, toc!

La muchacha miró sorprendida a sus amigas y a continuación abrió la puerta: estaban todas allí, *¿quién podía ser?*

—Hola... —murmuró Colin de pie en la puerta—. He venido a **DISCULPARME** por mi horrible comportamiento de hoy.

El chico les dijo que, tras DESPEDIRSE de ellas, había reflexionado referente a lo que había hecho y estaba AVERGONZADO.

—Me he dejado llevar por las emociones —confesó Colin ruborizado—. Y también por el MIEDO a que Vanessa me considerara poca cosa para ella.

—Y te has olvidado hasta qué punto Vanessa te había conquistado y la habías sentido muy cerca mientras leías su cuaderno —comentó Violet.

—Exacto —reconoció el chico—. ¡Ojalá pudiera volver atrás!

—Yo creo que puedes —sonrió Paulina—. ¡Las disculpas son una máquina del tiempo muy eficaz!

—No sé si unas simples disculpas bastarán para que Vanessa entienda que soy mejor de lo que he demostrado hoy —contestó Colin ABATIDO.

—Pues entonces querrá decir que tus disculpas no son SIMPLES DISCULPAS —replicó Colette cogiendo la novela que estaba leyendo—. Creo que este libro me ha dado una idea...

Misión
<<DISCULPAS DE CORAZÓN>>

La tienda de los sueños era una novela de fantasía que trataba de dos amigos que abrían un ESTABLECIMIENTO muy especial.
En el pequeño comercio polvoriento no vendían comida ni tampoco ropa, sino algo mucho más valioso: la posibilidad de cumplir los propios sueños.
Para las chicas del Club de Tea y también para Colin, la PARTE más útil e interesante de la novela era la que se refería en especial a los dos amigos protagonistas.
—En un momento dado de la novela se PELEAN, y el amigo que se ha comportado incorrectamente convence al otro de que lo perdone llenando

la tienda de NOTAS en las que le recuerda los buenos momentos que han pasado juntos desde que se **conocen** —les explicó Colette a sus amigas y a Colin.

—¡Me parece una idea excelente! —opinó Pamela al instante.

—No estoy demasiado SEGURO de que realmente funcione en mi caso. Vanessa y yo no compartimos ningún recuerdo —objetó el muchacho bastante desconsolado—. Bueno, tenemos uno, pero... ¡ES HORRIBLE!

Colette se acercó a él y dijo:

—Tienes mucha razón. Pero tú tienes varios recuerdos vinculados a ella. Desde antes de saber cuál era su nombre o qué fisonomía tenía.

—¿Crees que Colin debería hablarle de las sensaciones que sintió cuando empezó a leer su cuaderno turquesa? —preguntó Violet con CURIOSIDAD.

—Exactamente —respondió Colette sonriendo—. ¿Qué os parece?

—¡Yo creo que Colin debería ir cogiendo ya BOLÍGRAFO y papel! —exclamó Pamela entusiasmada—. Y mañana podremos poner en práctica la misión **«disculpas de corazón»**.

¡Empieza la misión «disculpas de corazón»!

Para Vanessa

La palabra más importante

Mientras las cinco amigas estudiaban el plan para HACERLE LLEGAR a Vanessa los recuerdos de Colin, en la otra punta de la isla la muchacha se dormía DISGUSTADA pensando en aquel chico que a primera vista le había parecido dulce y un poco tímido, pero que luego se había manifestado tan desagradable.

Y a la MAÑANA siguiente cuando se despertó, sentía la misma amargura y se dijo que ya era hora de ahuyentarla. Ella sabía perfectamente que seguía siendo la misma chica sencilla de antes de tener ÉXITO, y estaba convencida de que después de su paseo matinal se sentiría mucho mejor.

Al principio, cuando se **ACERCÓ** al banco de color blanco, no se dio cuenta de que había un sobre **PEGADO** con cinta adhesiva al respaldo. Pero, luego... vio su nombre **ESCRITO A MANO** con un rotulador rojo.

Vanessa miró a su alrededor PERPLEJA. ¿Qué hacía allí una carta para ella? Y ¿quién la habría dejado?

Con los dedos TEMBLOROSOS, abrió el sobre y leyó la nota que había dentro:

«Cuando encontré tu cuaderno turquesa no lo abrí, a pesar de que mi intuición me decía que en su interior iba a encontrar a alguien especial».

La chica sonrió, se metió la nota en el BOLSILLO y después se dirigió al mirador, donde la ESPERABA otro mensaje.

—Pero ¿y esto qué es? —se preguntó

de nuevo Vanessa, al ver junto a su MACEDONIA otro sobre a su nombre.

Vanessa lo abrió y leyó:

«*Lo primero que pensé de ti fue que se te daba* muy bien *transformar los sentimientos en palabras y las palabras en dibujos. Y luego me pregunté: ¿una chica tan especial querrá ser amiga mía?*».

¿El autor de los MENSAJES podía ser Colin? ¿Después de cómo la había tratado? ¿Y habría todavía más sobres?

Con estas preguntas RONDÁNDOLE por la cabeza, Vanessa entró en la floristería como todas las mañanas.

—Buenos días, querida. Aquí tienes los TULIPANES —dijo la florista al verla llegar. A continuación se agachó detrás del mostrador y le tendió un PRECIOSO ramo de rosas y añadió—: Además, tengo esto para ti.

—¿Para mí? —se sorprendió Vanessa, y vio que el ramo iba acompañado de una **TARJETA**—. Pero ¿quién las envía?

—He prometido no decir ni palabra —sonrió la florista **DESAPARECIENDO** en la trastienda de inmediato.

Entonces Vanessa olió las flores, respiró hondo y luego abrió el tercer sobre.

«Cuando descubrí quién eras, pensé que serías una estrella demasiado **LEJANA** *para mí. Y en vez de construir una nave espacial para seguirte, opté por no mirar el cielo».*

Vanessa **TOMÓ EL CAMINO** de regreso hacia su casa con el corazón latiéndole con fuerza. Ella escribía canciones, y le daba mucho valor a las palabras. Y las palabras que le había escrito Colin tenían un GRAN VALOR.

Para Vanessa la palabra más importante fue la que descubrió al doblar la esquina, cuando llegó a la casa de sus tíos y vio a Colin delante de la cancela con un CARTEL en el que había escrito en mayúsculas: <<PERDONA>>.

—Me porté como un estúpido. ¿Podríamos VOLVER a empezar? —le preguntó el muchacho emocionado.

En ese preciso momento Vanessa vio que, un

poco alejadas, también estaban allí las chicas del Club de Tea. SONRIÓ al comprender que gracias a ellas, Colin se había atrevido a rectificar y volver sobre sus PASOS.

—Tienes toda la razón —le dijo la chica a Colin—. No fuiste precisamente amable conmigo.

—Pero quería ser amigo tuyo, créeme —se justificó él.

—Bueno, yo creo que si quieres ser amigo de alguien tienes que tratarlo bien, no como hiciste tú —objetó Vanessa.

—Lo entiendo, no me vas a PERDONAR —suspiró Colin, dándo la vuelta para marcharse.

—Eh, espera, ¿adónde vas? ¡NO HE TERMINADO! —lo llamó Vanessa, y después prosiguió—. Te portaste mal, pero ahora que me has dicho lo que sentías, te entiendo. Encantada de conocerte, soy Vanessa.

Entonces Colin miró PERPLEJO la mano que le tendía la chica.

¡Genial!
¡Je, je!
¡En paz!
¡Qué bien!

—¡¿Eh?!

—Hagamos lo que tú has dicho: volvamos a empezar —sonrió Vanessa—. ¡Mucho gusto!

—¡El gusto es mío! —respondió Colin **ESTRECHÁNDOLE** la mano mientras miraba a las chicas del Club de Tea.

La mirada fue breve, pero significaba una de las palabras más importantes y hermosas que existen: **¡gracias!**

TOP SECRET
CASO: El cuaderno turquesa
Detectives del corazón
CASO CERRADO

DETECTIVES DEL CORAZÓN

Pocos días después de que las chicas del Club de Tea siguieran los PASOS de Vanessa para devolverle el cuaderno turquesa, las cinco amigas estaban merendando en la *Pastelería Daisy*.

—¡Ya lo he terminado! —dijo Colette cerrando *La tienda de los sueños*—. Este libro ha sido realmente fantástico y me ha gustado tanto, que ojalá no lo hubiera leído para poderlo leer de nuevo por PRIMERA VEZ.

—Y nos ha sido de gran utilidad, porque nos ha proporcionado una fantástica idea para hacer que Vanessa y Colin se reconciliaran —comentó Paulina satisfecha.

—Una idea que, en realidad, HA FUNCIONADO a la perfección. ¡MIRAD ahí! —dijo Nicky señalando la puerta del local.

Vanessa y Colin acababan de ENTRAR... ¡cogidos de la mano!

—¿Tenéis previsto ir de excursión? —preguntó Violet al ver una mochila.

—¡Vamos a un concierto! —respondió Colin muy animado.

—¿Recordáis la ENTRADA que encontramos en el cuaderno? Pues hemos comprado otra y vamos a ir juntos.

—Pero mañana estamos LIBRES y queríamos preguntaros si os apetece ir a comer una pizza todos juntos —añadió Vanessa.

—¡¿Pizza?! —Pamela se ILUMINÓ—. ¡Siempre tenemos tiempo para una pizza!

—En realidad, hemos pasado a veros por otro motivo —confesó Vanessa—. Quería daros las gracias por vuestros esfuerzos para devolverme el cuaderno.

—Y yo también quería daros las gracias por ayudarme a ACLARAR las ideas —añadió Colin sonrojándose.

—De nada, cualquiera habría hecho lo mismo... —sonrió Colette.

—Pues yo no lo creo. **Tenéis un talento especial para ser detectives** —afirmó Vanessa.

—Tiene toda la razón —asintió Colin—. ¡Deberíais abrir una agencia!

—**Una agencia de detectives especializada en... ¡temas del corazón!** —especificó Vanessa antes de marcharse.

En la mesa del Club de Tea reinó el silencio durante unos instantes.

—Abrir una agencia de investigación —repitió de nuevo Paulina—. **ESTARÍA MUY BIEN**...

—Y sería muy divertido —suspiró Nicky—. Porque en realidad nos lo pasamos genial buscando a Vanessa, ¿a que sí?

—¡Muchísimo! —confirmó Pamela.

—Sí, pero antes que nada necesitaríamos un **local** para montar la agencia... —comentó Violet entusiasmada

—¿Y cómo vamos a encontrarlo? —resopló Colette pensativa.

—Yo quizá tenga ALGO que os convenga —dijo Tamara acercándose a la mesa.

Al ver la MIRADA sorprendida e interrogativa de las chicas, les explicó:

—Estos días os he estado observando, y estoy de acuerdo con vuestros amigos: tenéis mucho talento como detectives. Y en el último piso de este edificio hay una buhardilla que yo uso muy poco y que me encantaría poner a vuestra completa disposición.

—¡¿En serio?! —exclamó Colette muy contenta—. ¿Estás segura?

—Segurísima. Haría eso y mucho más por mis... Detectives del corazón —sonrió Tamara, sacando una llave grande del bolsillo del delantal—. ¿Qué me respondéis, aceptáis mi OFERTA?

Las chicas del Club de Tea se miraron **emocionadas**. Sólo había una respuesta posible a aquella pregunta, y se la dieron a coro:

—¡¡¡SÍ!!!

LISTAS PARA EMPEZAR

Después de merendar **Magdalenas del Misterio** y recordar su primera aventura como ***«detectives»***, las chicas del Club de Tea continuaron trabajando en la buhardilla. Tras colocar una alfombra enorme y colgar unos **MARCOS**, decidieron que por aquel día podían darse por satisfechas.

—¿Sabéis una cosa? —rio Colette feliz—. Ahora que ya tenemos un **LOCAL** para la agencia, me siento todavía más como una verdadera detective.

—Y seguro que cuando os dé los **REGALITOS** que tengo para vosotras, aún estarás más convencida —dijo Paulina.

Fue CORRIENDO a por cinco paquetitos, y los repartió entre sus amigas.

—¡Nooo! ¡No me lo puedo creer! —exclamó Violet.

Les había regalado unos tarjeteros con muchas tarjetas de visita creadas ESPECIALMENTE para su agencia.

—*Detectives del corazón, especializadas en misterios de color rosa* —leyó Nicky emocionada.

—Y tengo otra cosa... —anunció Paulina.

CORRIÓ al trastero y volvió poco después con un paquete mucho más grande.

—¡Abrámoslo ya no puedo esperar más! —vociferó Colette impaciente.

Luego se quedó sin palabras al ver lo que contenía la caja.

—¡Un buzón! —exclamó Violet.

—¡Rosa! ¡Y en forma de **corazón**! —chilló Colette.

—Lo diseñé yo, y le pedí a un CARPINTERO que nos lo hiciera... Tamara nos ha dado permiso para colgarlo junto al escaparate de la pastelería —explicó Paulina—. ¿QUÉ OS PARECE?

—¡Me parece genial! ¡Hay que colgarlo ya! —exclamó Pamela.

¡Guau!
¡Genial!
¡Quedará muy bien en la puerta!

Y sin perder un **INSTANTE**, las chicas bajaron la escalera corriendo.

—Si alguien nos necesita, le será muy fácil ponerse en **CONTACTO** con las Detectives del corazón —declaró Paulina, contemplando el buzón colgado en la pared.

Colette admiró el resultado.

—Una cosa es segura:

¡LAS DETECTIVES DEL CORAZÓN SIEMPRE RECIBIREMOS A LOS QUE ESTÉN EN APUROS... CON LOS BRAZOS ABIERTOS!

Los secretos DE LAS Detectives del corazón

TOP SECRET

¡Cómo ser...Detective del corazón!

En el pasaje de las Margaritas hay un edificio que huele a azúcar y vainilla. En la buhardilla de esta finca se reúnen cinco amigas muy especiales... cinco muchachas convencidas de que no existen preguntas sin respuestas, ni misterios que no se puedan resolver, ni corazones partidos que no se puedan arreglar.

¡Son las DETECTIVES DEL CORAZÓN!

¡Y éstos son sus secretos!

Detectives del corazón

BIENVENIDA A LA AGENCIA DE LAS DETECTIVES DEL CORAZÓN

Querida amiga:

Te damos la bienvenida a nuestra agencia. Nos alegramos de que vengas a vernos. Aquí, entre almohadones de colores, magdalenas deliciosas y documentos que contienen pistas y recuerdos especiales, trabajamos para resolver casos muy complicados.

¿A QUÉ NOS DEDICAMOS?

A los misterios del corazón.

¿CUÁL ES NUESTRO OBJETIVO?

Ayudar a viejos y nuevos amigos a resolver situaciones que a veces parecen imposibles.

¿CUÁLES SON NUESTROS CASOS PREFERIDOS?

Los que nos aceleran el corazón.

Somos las DETECTIVES DEL CORAZÓN y queremos enseñarte los rincones más ocultos de nuestra agencia, y desvelarte nuestros pequeños secretos. Así, tú también podrás ser... ¡una perfecta Dectetive del corazón!

Tus amigas del Club de Tea...
¡DETECTIVES DEL CORAZÓN!

¡Somos las Detectives del Corazón!
¡Y ésta es nuestra agencia!
¡Bienvenida!

¡BLOC DE NOTAS GIGANTE!

Ésta es la pared donde conservamos nuestros mejores recuerdos... Y también todas las informaciones y pistas útiles para nuestras investigaciones: MAPAS, RETRATOS ROBOT Y FOTOGRAFÍAS.

Esta pared es como un bloc de notas gigante, donde ¡LO PODEMOS VER TODO A LA VEZ, con un solo vistazo!

¡CON LA MÍTICA TEA!
TAREAS PENDIENTES:
• Contestar los correos electrónicos y las cartas.
• Archivar las últimas pistas.
• Imprimir más tarjetas de visita.
• ¡Ir en busca de misterios!
• Sonreír :-)
¡EL MAPA DE LA ISLA DE LAS BALLENAS ES INDISPENSABLE!
¡EL HORARIO DE LOS FERRIS SIEMPRE ES ÚTIL!
¡Foto recuerdo de nuestro PRIMER CASO!

¡NUESTRO ESCRITORIO!

Éste es nuestro ESCRITORIO, donde hacemos las investigaciones más apasionadas... No podía faltar nuestro imprescindible ORDENADOR, para consultar internet o inspirarnos escuchando una de nuestras canciones del corazón.

Unas veces lo tenemos todo ordenado y otras... un poco desordenado. Pero siempre hay un montón de anotaciones e ideas para...
SACAR ADELANTE NUESTRAS INVESTIGACIONES.
Es Mistery, nuestra planta... ¡mascota!
¡Y nuestros insepara-bles blocs de notas!

¡LIBROS, CARPETAS Y SECRETOS!

¿Y esto qué es? ¿Una librería? ¿Una estantería? Nosotras preferimos llamarlo... ¡EL ARCHIVO SECRETO!

Aquí guardamos todo el material de nuestros casos: FOTOS, RETRATOS ROBOT, NOTAS, PISTAS...

Lo CATALOGAMOS TODO CON CUIDADO y lo clasificamos en cajas, etiquetas y carpetas de colores. Así, los elementos de una investigación no se mezclan con los de otra.

CARPETA GUARDASECRETOS

Qué necesitas: • una caja de cereales o pasta vacía • tijeras de punta redonda • cuerda • un botón grande • hilo y aguja • cinta adhesiva de color • rotuladores • papel de regalo • cola • grapadora

1. Abre y recorta la caja en forma de rectángulo con dos solapas.

2. Dobla las solapas hacia el exterior de la caja y sujeta con una cuerda el lado corto del rectángulo.

3. Dobla por la mitad el rectángulo con la parte impresa de la caja en el interior. Decora el exterior con el papel de regalo, la cinta de color o dibujándole algo. Luego cose el botón en la tapa (la parte de la caja sin solapas); así podrás cerrar la carpeta enrollándole la cuerda.

¡PÍDELE SIEMPRE CONSEJO Y AYUDA A UN ADULTO!

¡NUESTRAS TARJETAS DE VISITA!

Éstas son las tarjetas que Paulina encargó para nosotras. Se las damos a nuestros amigos para que sepan dónde dirigirse SI TROPIEZAN CON UN MISTERIO.

Tú también puedes crear tus **tarjetas de visita personalizadas.** Es muy fácil. Te damos algunas ideas...

Coge una cartulina rectangular y decórala con **cinta adhesiva de color, pequeños dibujos** o con **cola de purpurina...**
¡EL PERFECTO ESTILO DETECTIVES DEL CORAZÓN!

TARJETERO DEL CORAZÓN

Qué necesitas:

- fieltro de varios colores
- tijeras de punta redonda
- hilo y aguja

1. Corta un rectángulo de fieltro un poco más ancho y 3 veces más largo que las tarjetas. Dobla hacia el centro una tercera parte del rectángulo y cose los bordes.

2. Ahora decóralo con pequeños corazones de fieltro recortados y cosidos.

¡TU TARJETERO YA ESTÁ LISTO!

¡PÍDELE SIEMPRE CONSEJO Y AYUDA A UN ADULTO!

RETRATO ROBOT DE LA PERFECTA DETECTIVE DEL CORAZÓN

Tiene espíritu observador y escucha con atención lo que le dicen las personas, porque sabe que sus palabras podrían ser importantes.

Anota todo lo que ve y oye.
Así se asegura de no perder ninguna información valiosa.

Siempre es prudente. Nunca se mete en situaciones complicadas de las que sea difícil salir.

Es reservada, no es insistente ni entrometida.

Lee muchas novelas policíacas y de misterio para aprender trucos del oficio de los detectives más famosos de la literatura... Y también muchas novelas sobre el amor y la amistad, para encontrar las frases adecuadas para hablarle al corazón.

DETECTIVE DEL CORAZÓN: IMAGEN Y COMPLEMENTOS

SOMBRERO

¡PARA PROTEGERSE DEL SOL Y DE LA LLUVIA DURANTE LAS LARGAS CAMINATAS!

MÓVIL

PARA COMUNICARSE CON LAS OTRAS DETECTIVES, INVESTIGAR Y FOTOGRAFIAR PRUEBAS Y PISTAS.

LINTERNA

¡PARA EXPLORAR LUGARES POCO ILUMINADOS!

CHAQUETA CON BOLSILLOS GRANDES

¡PARA LLEVAR ENCIMA TODO LO NECESARIO!

BLOC DE NOTAS Y BOLÍGRAFO

PARA ANOTAR LOS ELEMENTOS MÁS IMPORTANTES DEL CASO Y NO OLVIDARSE DE NADA.

ZAPATILLAS DE DEPORTE

¡UN CALZADO CÓMODO, PORQUE PARA INVESTIGAR UN MISTERIO HAY QUE CAMINAR MUCHO!

¡LAS MAGDALENAS... DEL MISTERIO!

Para pasar una tarde como verdaderas Detectives del corazón, no puede faltar una merienda **¡MISTERIOSA!**

INGREDIENTES: 250 g de harina con levadura, 100 g de azúcar, una pizca de sal, 1 huevo, 200 ml de leche, 100 g de mantequilla, mermelada o crema para el relleno.

En un cuenco MEZCLA la harina, la sal y el azúcar. En otro bate el huevo y mézclalo con la leche y la mantequilla fundida y ya fría.

VIERTE LOS INGREDIENTES líquidos en el primer cuenco y mézclalos hasta obtener una masa suave.

LLENA HASTA LA MITAD LOS MOLDES untados con mantequilla y espolvoreados con harina. Añádeles una cucharada de mermelada o de crema (conservada en la nevera para que esté más sólida) y cúbrelos con más cantidad de masa.

METE las magdalenas en el horno precalentado a 180-200 °C unos 20-25 minutos.

¡PÍDELE SIEMPRE CONSEJO Y AYUDA A UN ADULTO!

¡UNA MESA DE DETECTIVE... CON PLATOS-LUPA!

Qué necesitas:
- platos de plástico transparente
- cartulina roja
- tijeras de punta redonda
- cinta adhesiva

1. Corta una tira de cartulina un poco más alta que el borde del plato y úsala para recubrir la circunferencia, fijándola con la cinta adhesiva.

2. Recorta en la cartulina también el mango y fíjalo al borde de tu plato-lupa.

¡PÍDELE SIEMPRE CONSEJO Y AYUDA A UN ADULTO!

CASO: ¡Cómo ser... Detective del corazón!

Detectives del corazón

AHORA YA CONOCES NUESTROS SECRETOS... ¡Y ESTO SÓLO ES EL PRINCIPIO!

Querida amiga:

Ahora que has visitado la agencia de las Detectives del corazón y has descubierto nuestros secretos, ¡estás preparada para ACOMPAÑARNOS EN NUESTRAS NUEVAS AVENTURAS!

Juntas seremos cada vez mejores detectives, aprenderemos unas de otras y RESOLVEREMOS MUCHOS CASOS APASIONANTES... ¡seguro que sí!

Y después de resolver un nuevo misterio, siempre tendremos un lugar donde merendar... una buhardilla llena de color en un edificio azul del pasaje de las Margaritas. ¡Te esperamos!

Tus amigas del Club de Tea...

¡DETECTIVES DEL CORAZÓN!

CONVIÉRTETE EN UNA... ¡DETECTIVE DEL CORAZÓN!

Estás a punto de leer una historia MUY especial: TÚ SERÁS LA PROTAGONISTA, junto con el Club de Tea. Al final de cada bloque del relato hay que elegir UNA ALTERNATIVA, y decidirás con las Detectives del corazón cómo PROSEGUIR las investigaciones.

¿LISTA PARA EMPEZAR LA AVENTURA?

EL REGALO MISTERIOSO

1

Es sábado por la mañana. Fuera los pajarillos cantan; en el interior de la buhardilla del edificio azul del pasaje de las Margaritas se oyen las risas de **CINCO AMIGAS... MÁS UNA**.

El Club de Tea y tú habéis quedado en la agencia de las Detectives del corazón para preparar la **FIESTA** de inauguración de esta tarde. ¡Irán todos vuestros amigos!

—¿Creéis que son suficientes? —pregunta Pamela, anudando el último globo amarillo y dejándolo rebotar hasta el suelo con los demás.
—Yo diría que sí —se ríe Colette—. ¡Si ponemos uno más, los invitados no podrán ni ENTRAR!
—Mirad qué ambiente tan alegre se está creando —comenta Nicky y coge el móvil—. Voy a hacer unas fotos...

¡DRIIIIIIIIIIIIIIIIIIIIIIIIIIIIIIIIIN!

El sonido del timbre de la puerta la interrumpe.
—Será Tamara con los pasteles para la fiesta —comenta alegremente Violet y corre hacia la puerta...
Pero cuando la abre, no ve a su amiga, la dueña de la Pastelería Daisy, sino a... un MENSAJERO.

—¿Qué es? —quiere saber Paulina, al ver que Violet se acerca con un paquete muy bonito después de atender al chico.
—¡Parece un regalo! —exclama Colette emocionada—. ¡Vamos a abrirlo!
¡Hayqueabrirloyamismo!
Todas os acercáis al paquete muy intrigadas y Violet lo abre.
—¡Qué bonitos! —exclama Nicky al ver cinco CUADERNOS con las tapas de fieltro—. Están personalizados para cada una de nosotras.

—Nos serán muy útiles para tomar notas de nuestros casos —añade Paulina.

—**¿Quién los habrá mandado?** —se pregunta Violet pensativa—. Vamos a leer la tarjeta.

—A ver... —dice Pamela abriendo el sobre que acompaña el regalo—. Qué raro... aquí sólo dice:

¡¡¡EMPIEZA LA INVESTIGACIÓN!!!

Las chicas del Club de Tea y tú os miráis y, al momento, Paulina dice en voz alta lo que todas estáis pensando:

—Quien nos hace este regalo quiere que averigüemos su identidad y... le vamos a dar esa satisfacción. ¡¿A qué esperamos?!

¡VAMOS A RESOLVER EL MISTERIO!

PARA PARTICIPAR EN LA INVESTIGACIÓN y ayudar a Colette, Pamela, Nicky, Paulina y Violet a descubrir quién se oculta tras el regalo misterioso, PASA LA PÁGINA Y LEE EL PUNTO 2.

¡DETECTIVES DEL CORAZÓN EN ACCIÓN!

2

El Club de Tea y tú examináis escrupulosamente el paquete que contenía el regalo en busca de alguna PISTA.

—Si supiéramos en qué tienda compraron los cuadernos... allí sabrían quién nos los ha regalado —comenta Pamela.

—También podríamos localizar al mensajero y preguntarle si sabe algo —sugiere Paulina.

¿QUÉ DECIDÍS HACER?

Si queréis descubrir en qué tienda compraron los cuadernos,
ID AL 28

Si preferís localizar al mensajero que os ha entregado el paquete,
ID AL 38

3

Alquiláis dos bicitaxi. En la primera van Colette, Nicky y Pamela; en la segunda Violet, Paulina y tú. No lleváis mucho rato pedaleando cuando vuestra bicitaxi empieza a ralentizar.

—¡OH, NO, SE HA PINCHADO UNA RUEDA! —exclama Paulina.

Deja de pedalear y para la bicitaxi.

Para no perder un tiempo precioso, decidís que vosotras tres volveréis atrás y que devolveréis la bicitaxi al puesto de alquiler, mientras las demás siguen buscando a Sally.

Mientras las demás se alejan pedaleando, Violet, Paulina y tú
ID AL 30

4

Salís de la agencia y vais a la librería que hay cerca de la Pastelería Daisy.

¡Al entrar, veis que las estanterías están llenas única y exclusivamente de libros!
—¿Puedo ayudaros? —os pregunta la librera sonriente.
Colette decide probar suerte y le enseña su cuaderno nuevo:
—¿Aquí venden estos cuadernos?
—No, lo siento —niega la librera.
¡ESTÁIS EN EL SITIO EQUIVOCADO!

Corred a la librería del centro comercial, ID AL 20

5

Releed con atención las instrucciones de la nota que os ha entregado Sally: abrid el libro por la página 63, buscad la línea 15 y luego la cuarta palabra de esa línea.
—¡PERFUMADA! —exclama Violet—. Ésa es la palabra que completa el mensaje.
Por fin leéis la pista: «Ya es hora de ir a la tienda más PERFUMADA de la isla».
—¿Qué significa? —se pregunta Nicky perpleja—. ¿Adónde tenemos que ir?
—A la perfumería —responde Colette.

Si todas estáis de acuerdo con Colette, ID AL 37

Si no estáis seguras de lo que vais a hacer, ID AL 11

6

Vuestro instinto os dice que pueden haber comprado los cuadernos en la papelería que está al lado de la pastelería de Tamara, y os dirigís hacia allí.

—Buenos días, ¿en qué puedo ayudaros? —pregunta la dependienta.

Le enseñáis el regalo y le preguntáis si en la tienda venden artículos similares.

La **DEPENDIENTA** niega con la cabeza y os dice:

—Lo siento, pero es la primera vez que veo estos cuadernos. Quien os los regaló no pudo comprarlos aquí.

Ahora salís corriendo hacia la papelería del centro comercial.
ID AL 8

7

Vais a la biblioteca y buscáis los tres libros indicados en la CARTA que os ha entregado Sally. Al verlos, observáis las cubiertas para descubrir cuál es la novela rosa.

¿QUÉ LIBRO ES LA NOVELA ROSA?

El castillo oscuro
ID AL 27

Las hadas del jardín encantado
ID AL 12

Un sueño por cumplir
ID AL 33

8

Dirigíos a toda prisa al centro comercial de la isla. Cuando entréis, consultad el directorio de las tiendas.

—¡La papelería está en el primer piso! —exclama Pamela señalando un sector del plano, y corre hacia la escalera mecánica.

Mientras os acercáis, **VEIS** el escaparate lleno de cuadernos, álbumes y agendas. Puede que ésa sea la tienda... ¡Pero el entusiasmo se esfuma a los pocos minutos, cuando examináis los artículos expuestos y observáis que ningún cuaderno se parece a los que os enviaron a la **AGENCIA**!

Además, la dependienta de la papelería os confirma que no compraron allí vuestros cuadernos.

Si queréis ir a la papelería que está cerca de la pastelería,
ID AL 10

Si preferís quedaros en el centro comercial,
ID AL 15

9

Recorréis la calle hasta la Pastelería Daisy muy intrigadas: quizá estéis a punto de descubrir al autor del regalo misterioso.
Al entrar en la pastelería, Tamara os saluda con una sonrisa enigmática:
—¡Bienvenidas, chicas! Vuestra mesa para merendar está lista.
Os miráis perplejas ante semejante recibimiento: ¿de qué habla Tamara?
—¿¡¿La mesa para nuestra merienda?!? —pregunta Paulina.
—¿Cómo sabías que íbamos a venir ahora?
—añade Pamela.
—No lo sabía, pero «alguien» que sí lo sabía me ha pedido que os preparase una mesa.
Ahora ya no cabe duda:
¡ESTÁIS EN EL LUGAR ADECUADO, Y OS ESPERA OTRA SORPRESA!

ID AL 36,
¡a la mesa reservada para vosotras!

10

—A lo mejor deberíamos ir a la papelería que está cerca de la Pastelería Daisy... —suspira Violet.
Mientras salís de la papelería del centro comercial, Paulina asiente y coge su móvil.
—¡VOY A LLAMARLOS! ¡Ya que tengo su teléfono, mejor preguntar antes!

Por desgracia, este intento tampoco funciona. Basta con observar la expresión de Paulina durante la conversación.
—**NADA, CHICAS** —suspira y cuelga el móvil—. La dueña de la papelería dice que no tienen cuadernos con cubiertas de fieltro.

Desanimadas, seguís paseando por el centro comercial...
ID AL 15

11

Quizá Colette tenga razón: en efecto, una perfumería es un lugar muy perfumado...
Pero antes de ir al salón de belleza de Ivette, donde venden cremas y perfumes naturales, queréis saber si hay otras alternativas.
Nicky lee en voz alta el mensaje reconstruido en la biblioteca:
—«Ya es hora de IR a la tienda más PERFUMADA de la isla».
—Cerremos los ojos y veamos qué se nos ocurre al pensar en un sitio perfumado —sugiere Paulina.
Todas seguís su consejo y cerráis los ojos. A los pocos instantes, Pamela los abre y exclama:
—**¡VAINILLA!**
—¿Vainilla? —pregunta Violet perpleja.

—¡Y chocolate, azúcar, canela! —añade Pamela—. En realidad, ¡la tienda más perfumada de la isla es la Pastelería Daisy!

Pamela tiene razón.
ID AL 9

12

Habéis elegido el libro *Las hadas del jardín encantado*. Pamela empieza a leer la trama en la contracubierta y comenta DECEPCIONADA:

—Nos hemos equivocado. Es una novela de fantasía.

¡Probad otra vez!
VOLVED AL 7

13

Nicky tenía razón: los patines son ideales para moverse RÁPIDAMENTE por el paseo marítimo lleno de gente. Equipadas con cascos, coderas y rodilleras, recorréis a toda prisa la pista del paseo y, al final, veis la heladería que ha mencionado el artesano.

Y justo allí delante hay un mostrador lleno de objetos de fieltro.
—Esa chica pelirroja debe ser Sally —anuncia Pamela contenta.

¡Con un último esprint, alcanzáis a Sally!
ID AL 19

14

Llegáis al aparcamiento de la mensajería «La Gacela» y Violet dice:
—Creo que es aquí.
Miráis a vuestro alrededor y lo veis: el mensajero de PELO castaño está bajando de una furgoneta. Se acuerda de vosotras y del paquete que os ha entregado. Os dice que procedía del centro comercial de la Isla de las Ballenas.

—Por las tardes siempre recojo todos los paquetes de las tiendas del centro comercial —explica el mensajero—, pero no sé de qué tienda era el vuestro.
—No te **PREOCUPES**, nos has sido de gran ayuda —lo tranquiliza Pamela.

¡Pamela tiene razón: ahora ya sabéis adónde dirigiros!
ID AL 21

15

Mientras paseáis desanimadas por las tiendas del primer piso del centro comercial, Violet suspira:

—¿Y ahora qué hacemos? La INVESTIGACIÓN no avanza.

—Esperad un momento —dice Colette, corriendo a asomarse por la barandilla para ver la planta baja—. ¡Mirad allí!

Seguid con la mirada el dedo de Colette y veréis los puestos que hay en la plaza del centro comercial.

—Es una especie de mercadillo donde los artesanos venden sus productos —comenta Nicky.

—Puede que compraran los cuadernos ahí —sugiere Paulina—. Vamos a echar un vistazo.

Corred a la escalera mecánica y bajad al mercadillo de la planta baja.

ID AL 25

16

Sin perder tiempo, Paulina corre a sentarse ante el escritorio y TECLEA rápidamente en el ordenador.

Estáis de pie detrás de ella y leéis lo que está escribiendo en el buscador: PAPELERÍAS ISLA DE LAS BALLENAS. Le da a «Enter» y a los pocos segundos aparece la lista de los resultados con las localizaciones en el mapa.

—Hay una papelería cerca de la Pastelería Daisy —dice Paulina satisfecha—, y otra en el centro comercial.
¿A QUÉ PAPELERÍA DECIDÍS IR?

A la que está cerca de la pastelería.
ID AL 6

A la del centro comercial.
ID AL 8

17

Creéis recordar que el mensajero llevaba un uniforme rojo y determináis ir a la mensajería *FAST FAST*. Pero justo cuando vais a salir, Nicky os detiene.

—¡Un momento! —exclama, cogiendo el móvil y mirando las fotos que ha hecho—. ¡Mirad esto!
Os acercáis y os enseña una foto hecha en la puerta de la agencia aquella mañana, donde se ve al mensajero entregándole el regalo a Violet.

—El uniforme es verde —dice Violet.
—Entonces, ¡no debemos ir a «Fast Fast», sino a **La Gacela**!

¡¡¡Rápido!!!
CORRED AL 22

18

—¡Vamos, amigas! —exclama Pamela, dirigiéndose hacia el puesto donde venden papel de regalo a **CUADROS**.

—Por ahí no —sonríe Violet, cogiéndola del brazo para desviarla de su camino—. Me refería al otro puesto, el que vende papel de regalo rosa con topos blancos. Es el papel con el que envolvieron nuestro regalo.

Sonrojadas por el error cometido, seguid a Violet.
ID AL 31

19

Por fin podéis hablar con Sally, que no parece sorprendida al veros... ¡Os estaba esperando!

—Quien encargó vuestros regalos sabía que al final me **ENCONTRARÍAIS**.

Me pidió que no os dijera su nombre y que os diera esto —explica la chica y os entrega una carta.

Abrid el sobre y leed el mensaje. Luego
ID AL 32

20

Id al centro comercial de la isla, y una vez dentro consultad el directorio de las tiendas.

—La librería está en el primer piso —anuncia Pamela señalando una zona del plano, y luego corre hacia la escalera mecánica.

Mientras os acercáis a la tienda, miráis a través del escaparate ILUMINADO y pensáis que podría ser el lugar que buscáis. Hay una sección dedicada a artículos de regalo, llena de cuadernos, álbumes y agendas.
Pero el entusiasmo se esfuma a los pocos minutos, cuando veis que NINGUNO de los cuadernos expuestos se parece al vuestro.
Para estar seguras, le preguntáis a la dependienta y ella os confirma que no han comprado allí los cuadernos del regalo MISTERIOSO.

Si queréis ir a la librería que está cerca de la pastelería,
ID AL 26

Si preferís seguir buscando en el centro comercial,
ID AL 15

21 Decidís seguir la pista que os ha dado el mensajero de **La Gacela**, y vais al centro comercial de la isla.

Por el camino, os preguntáis en qué tipo de tienda se podrían comprar los cuadernos de fieltro que os han regalado.

—Yo creo que en una papelería —sugiere Colette.

—Tienes razón, pero también podemos preguntar en una librería —propone Nicky.

—¿Una librería? —pregunta Violet.

—Sí —asiente Nicky—. Algunas librerías no sólo venden libros, sino que también tienen una sección de artículos de regalo y **PAPELERÍA**, como bolígrafos, cuadernos, agendas y objetos varios.

—Voy a buscar en la web del centro comercial la lista de tiendas —anuncia Paulina cogiendo su móvil—. Ya la tengo: hay una papelería y una librería.

¿DÓNDE CREÉIS QUE COMPRARON LOS CUADERNOS?

¿En una librería?
ID AL 39

¿En una papelería?
ID AL 40

22 No cabe duda: el chico que os entregó el regalo llevaba un uniforme verde. Vais corriendo a la mensajería «La Gacela», con la esperanza de descubrir alguna **PISTA** para vuestra investigación. Os recibe una secretaria muy simpática que os escucha

y comenta que allí trabajan dos mensajeros, uno rubio y otro castaño. ¿A cuál de los dos buscáis?
¿DE QUÉ COLOR TENÍA EL PELO EL MENSAJERO QUE OS HA ENTREGADO EL REGALO?

¿Era rubio?
ID AL 24

¿Era castaño?
ID AL 14

23

Paulina se sienta al ordenador y teclea algo. Estáis de pie detrás de ella y leéis lo que está escribiendo en el buscador: LIBRERÍAS ISLA DE LAS BALLENAS.
A los pocos segundos de darle al «ENTER» aparece la lista de los resultados con la localización en el mapa. En la isla hay dos librerías, una está cerca de la Pastelería Daisy y la otra dentro del centro comercial.
¿A QUÉ LIBRERÍA DECIDÍS IR?

A la que está cerca de la pastelería.
ID AL 4

A la del centro comercial.
ID AL 20

24

Siguiendo las indicaciones de la secretaria, encontráis al mensajero rubio en el almacén. Cuando le preguntáis si sabe algo del paquete que os ha entregado por la mañana, él os mira PERPLEJO.

—Lo siento, pero hoy no he llevado nada al pasaje de las Margaritas —os dice—. Creo que me confundís con mi compañero.

Preguntad al mensajero rubio dónde está su compañero e ID AL 14

25

Recorréis los puestos de artículos hechos a mano y veis que nadie vende nada parecido a los cuadernos del regalo misterioso.

—Lo sabía... ¡no hay manera! —resopla Pamela cruzando los brazos sobre el pecho—. Nos hemos EQUIVOCADO otra vez.

—Puede que no... —contesta Violet aguzando la vista—. Mirad, en ese puesto utilizan el mismo papel de regalo con el que envolvieron nuestro paquete.

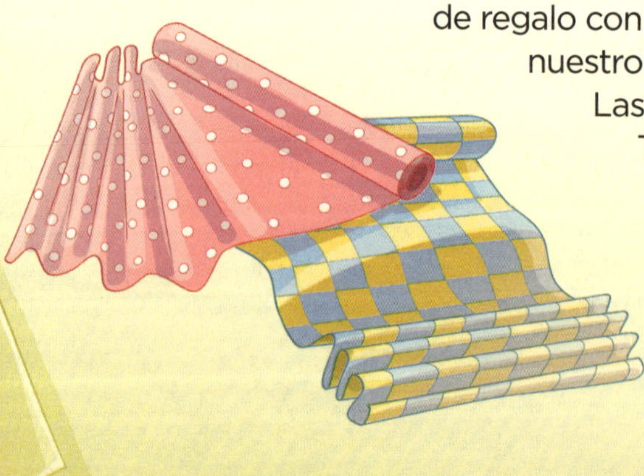

Las chicas del Club de Tea y tú miráis en la dirección que señala Violet y veis dos puestos: en uno tienen un rollo de papel de regalo rosa con topos blancos y en el otro hojas de papel de regalo a cuadros azules y amarillos.

¿A QUÉ PAPEL DE REGALO SE REFIERE VIOLET?

Si creéis que es el rosa con topos blancos, ID AL 31

Si creéis que es el papel a cuadros azules y amarillos, ID AL 18

26

—Quizá deberíamos probar en la librería que está cerca de la pastelería —comenta Violet mientras salís de la **enorme** librería del centro comercial.

—Yo me encargo —dice Paulina cogiendo su móvil—. Tengo su número grabado, ahora los llamo.

Pero ese intento tampoco funciona. Basta observar la expresión de Paulina durante la llamada para saber que no hay nuevas pistas.

—***NADA, DE NADA, CHICAS*** —dice Paulina al colgar el móvil—. La librera me ha dicho que sólo venden libros y no tienen artículos de regalo.

—O sea que tampoco compraron los cuadernos allí... —resume Colette suspirando.

Desanimadas, seguís paseando HASTA EL 15

27

Habláis y decidís probar con *El castillo oscuro*. Para saber si tenéis razón, leéis la sinopsis en la contracubierta.

—¡Oh, no, nos hemos equivocado! —exclama Nicky.

Se trata de una historia de terror, ambientada en un castillo de Transilvania.

Tenéis que intentarlo de nuevo. Probad con otra opción.
VOLVED AL 7

28

Reflexionáis en silencio, intentando averiguar qué tipo de tienda puede vender cuadernos como los que os han regalado.

—Tendríamos que buscar en las papelerías —sugiere Colette **OBSERVANDO** su cuaderno—. Es donde yo iría, si quisiera comprar un cuaderno.

—Tienes razón —dice Nicky—, pero también podemos preguntar en algunas librerías.

—¿Librerías? —pregunta Violet.

—Sí —asiente Nicky—. Hay librerías que no sólo venden libros, sino también tienen una sección de artículos de regalo.

¿Creéis que compraron los cuadernos en una librería?
ID AL 23

¿Creéis que compraron los cuadernos en una papelería?
ID AL 16

29

QUERIDAS CHICAS,
SABÍA QUE RESOLVERÍAIS EL MISTERIO. VOSOTRAS SOIS LA PRUEBA DE QUE LA UNIÓN HACE LA FUERZA. SÍ, YO, VUESTRA AMIGA TEA STILTON, LO ORGANICÉ TODO. ME ENTERÉ DE QUE IBAIS A INAUGURAR LA AGENCIA DE DETECTIVES DEL CORAZÓN Y QUISE FELICITAROS DE UNA MANERA... ¡MUY ESPECIAL! ESPERO QUE ÉSTE SEA EL PRIMERO DE MUCHOS CASOS APASIONANTES. ESTOY IMPACIENTE POR ESCUCHAR VUESTRAS AVENTURAS.

CON AFECTO,
TEA

Sonriendo por esta grata sorpresa,
ID AL 41

30

Volvéis para dejar la bicitaxi con la rueda pinchada y ya no quedan más para alquilar.
Resignadas, camináis entre los puestos del paseo marítimo, esperando alcanzar a pie al resto de vuestras amigas.
Pronto oís un sonido alegre: es Pamela que se acerca a vosotras en su bicitaxi TOCANDO EL TIMBRE.

—¡Hemos encontrado a Sally! —anuncia muy contenta—. Nicky y Colette se han quedado con ella, y yo he vuelto para llevaros. Así podemos hablar todas juntas.

Pamela ha tenido una gran idea. Montad en la bicitaxi y pedalead con ella HASTA EL 19

31

Os acercáis a una chica rubia que os sonríe detrás de un PUESTO que vende bolsos de tela. La muchacha escucha vuestro relato, mira los cuadernos de fieltro y exclama:

—¡Son los cuadernos que hace Sally!

Así es como descubrís que Sally es una artesana especializada en artículos de fieltro. Suele montar su puesto al lado del de la chica con la que estáis hablando.

—Ayer se le acabó el papel de regalo, y me pidió un trozo a mí —os explica la chica.

—¿Y por qué no está hoy aquí? —pregunta Nicky.

—Porque hoy participa en el **GRAN MERCADILLO** del paseo marítimo —contesta la chica—. ¿Habéis ido alguna vez?

—No —responde Colette—, pero ahora mismo vamos.

Seguid la nueva pista, corred al mercadillo del paseo marítimo e ID AL 34

32 ¡Enhorabuena por haber llegado hasta aquí! Para seguir con la investigación, aún os quedan varios pasos.

Id a la biblioteca municipal y buscad **los libros catalogados con los códigos L02, G10 y M05. Entre ellos hay una NOVELA ROSA. ¿Podéis reconocerla guiándoos solamente por la cubierta?**

Cuando encontréis el libro correcto, abridlo por la página 63 y buscad la cuarta palabra de la línea 15.

Escribid esa palabra en el espacio en blanco del mensaje que encontraréis al final de esta carta y sabréis dónde está el punto final de vuestra investigación.

¡Pasadlo bien!

¡Es hora de ir a
la tienda más _ _ _ _ _ _ _ _ _ _ de la isla!

¡Rápido, corred a la biblioteca!
ID AL 7

33 —Sin duda, la novela rosa es ésta —anuncia Colette cogiendo *Un sueño por cumplir*.

Y no se equivoca. ¡Si leéis la sinopsis, veréis que se trata de una historia **romántica**!

Ahora sólo tenéis que descubrir la palabra misteriosa.
ID AL 5

34

Al llegar al paseo marítimo veis que está lleno de puestos y gente *paseando*.

—Va a ser difícil encontrar a Sally en medio de tanta gente —comenta Violet.

—Quizá alguien sepa dónde está su puesto —dice Colette, acercándose a un artesano.

—Sí, conozco a Sally. Suele montar el puesto delante de la heladería... en la otra punta del paseo marítimo. Tenéis que daros prisa, porque el tiempo **CORRE** y vuestros amigos no tardarán en llegar a la agencia.

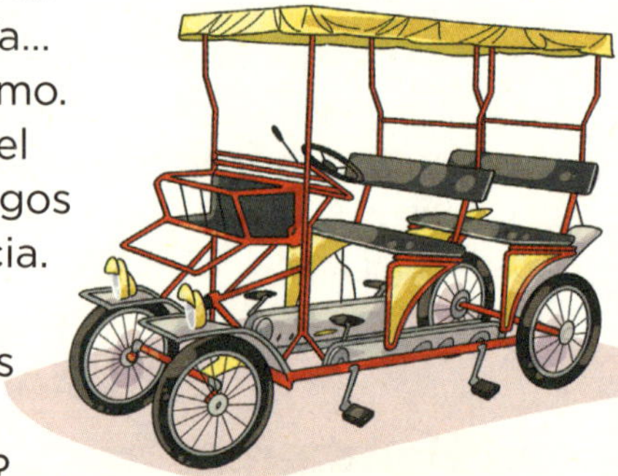

—¿Y si alquilamos dos bicitaxi? —sugiere Pam—. Así iremos más rápidas.

—¿Y si alquilamos unos patines? —propone Nicky.

Si preferís las bicitaxi,
ID AL 3

Si preferís los patines,
ID AL 13

35

—No sé dónde nos hemos equivocado —suspira Colette, sentada en los peldaños del salón de belleza de Ivette.

—Chicas, leamos otra vez el mensaje, necesitamos ideas nuevas —intenta tranquilizaros Nicky—. «Es hora de ir a la tienda más PERFUMADA de la isla»...

—Cerremos los ojos, a ver qué se nos ocurre si pensamos en un **SITIO PERFUMADO** —dice Paulina.

Ponéis en práctica su consejo y cerráis los ojos.
A los pocos instantes, Pamela los abre.
—¡VAINILLA! —exclama.
—¿Vainilla? —pregunta Violet perpleja.
—¡Es verdad! —asiente Pam—. La tienda más perfumada de la isla es la Pastelería Daisy.

Pamela tiene razón,
CORRED AL 9

36

—¡Guau! —exclamáis a coro.
En vuestra mesa descubrís que hay una tarta decorada con *fondant* de azúcar. Y también veis un sobre dirigido al Club de Tea. Lo abrís y empezáis a leer...

Para saber qué hay detrás de esta sorpresa,
ID AL 29

37

Decidís seguir la intuición de Colette. Vais al **salón de belleza** de Ivette, donde los habitantes de la isla compran cremas y perfumes naturales.
Al llegar, os lleváis una desilusión...
—Ejem... lo siento, pero no sé de qué me estáis hablando —contesta Ivette confusa—. ¿Cuadernos? ¿Investigación? ¿Mensajes?

Evidentemente, os habéis equivocado de sitio. Ivette no sabe nada que os pueda resultar útil.

Seguid pensando
e ID AL 35

38

—Si queremos localizar al mensajero que nos ha entregado el paquete, tenemos que averiguar en qué empresa trabaja —reflexiona Colette.
—Bien dicho, Cocó. Voy a ver cuántas mensajerías hay en la isla —dice Paulina.
Se sienta enfrente del ORDENADOR y empieza a teclear.
A los pocos segundos aparecen los resultados de la búsqueda: en la isla sólo hay DOS mensajerías que se ocupan de entregar paquetes.
Tras observar con atención las IMÁGENES de sus páginas web, Violet suspira:

—«La Gacela» y «Fast Fast»... estos nombres no me dicen nada...
—Mirad: un logo es verde y el otro rojo. Sólo tenemos que acordarnos del uniforme del mensajero —sugiere Pamela.

¿DE QUÉ COLOR ERA EL UNIFORME?

Si creéis que era verde,
ID AL 22

Si creéis que era rojo,
ID AL 17

39 ▶ Llegáis al centro comercial de la isla y os dirigís a la librería que está en el primer piso. Al entrar, veis que **NINGUNO** de los cuadernos expuestos se parece a los que os han regalado.

Y la dependienta confirma vuestros temores:

—Lo siento, chicas, pero estos cuadernos no los han comprado en mi tienda.

¡ESTÁIS EN EL LUGAR EQUIVOCADO!

Desanimadas, dais vueltas por el centro comercial.
ID AL 15

40 ▶ Llegáis al centro comercial y encontráis enseguida la papelería. Echáis un **VISTAZO** a los artículos expuestos y comprendéis que no compraron allí vuestros cuadernos.

Desanimadas, dais vueltas por el centro comercial.
ID AL 15

41 ▶ —¡Es increíble! —exclama Violet—. Hemos resuelto el misterio que Tea creó para nosotras... ¡Qué gran satisfacción!

Mientras os reís **CONTENTAS**, Paulina dice:

—Chicas, tenemos que darnos prisa... los invitados no tardarán en llegar a la **FIESTA** de inauguración y aún tenemos que organizar muchas cosas en la agencia...

—Pero antes vamos a probar esta tarta exquisita —propone Pamela, abrazando a sus amigas.

—Por las Detectives del corazón... ¡hip, hip, hurra!

¡TU AVENTURA NO HA TERMINADO!

Después de la merienda en la Pastelería Daisy, descubres que las chicas del Club de Tea te han dejado una nota debajo de la servilleta...

Querida amiga,
¡Gracias por habernos ayudado!
Lo has hecho muy bien. Sin ti no habríamos llegado al final de la investigación.
Ahora tú también eres una DETECTIVE DEL CORAZÓN.
Bienvenida al grupo... nos esperan muchos misterios del corazón. ¡Y los resolveremos juntas!

Tus amigas
CLUB DE TEA

Detectives del corazón

¡Detectives del corazón!
¡Pega aquí tu foto!

ÍNDICE

TOP SECRET

Vida en Ratford

¡Leer es una aventura emocionante!
¡Marca los libros de tu colección!

- ♡ 1 Escenas de amor en Ratford
- ♡ 2 El diario secreto de Colette
- ♡ 3 El Club de Tea en peligro
- ♡ 4 Reto a paso de danza
- ♡ 5 El proyecto supersecreto
- ♡ 6 Cinco amigas y un musical
- ♡ 7 Camino a la fama
- ♡ 8 ¿Quién se esconde en Ratford?
- ♡ 9 Una misteriosa carta de amor
- ♡ 10 El sueño sobre hielo de Colette
- ♡ 11 Un, dos, tres... ¡se rueda en Ratford!
- ♡ 12 Top model por un día
- ♡ 13 Misión mar limpio
- ♡ 14 El club de las poetisas
- ♡ 15 La receta de la amistad
- ♡ 16 El gran baile con el príncipe
- ♡ 17 El fantasma del Castillo del Halcón
- ♡ 18 Todas podemos ser campeonas
- ♡ 19 Más que amigas... ¡hermanas!
- ♡ 20 Una boda de ensueño
- ♡ 21 Salvemos a los animales
- ♡ 22 El concierto del corazón
- ♡ 23 Mil fotos para una top model
- ♡ 24 El tesoro de los delfines azules
- ♡ 25 La lección de belleza

TU COLECCIÓN TS

- 1 El código del dragón
- 2 La montaña parlante
- 3 La ciudad secreta
- 4 Misterio en París
- 5 El barco fantasma
- 6 Aventura en Nueva York
- 7 El tesoro de hielo
- 8 Náufragos de las estrellas
- 9 El secreto del castillo escocés
- 10 El misterio de la muñeca desaparecida
- 11 En busca del escarabajo azul
- 12 La esmeralda del príncipe indio
- 13 Misterio en el Orient Express
- 14 Misterio entre bambalinas
- 15 La leyenda de las flores de fuego
- 16 Misión flamenco
- 17 Cinco amigas y un león
- 18 Tras la pista del tulipán negro
- 19 Una cascada de chocolate
- 20 Los secretos del Olimpo
- 21 Amor en la Corte de los Zares
- 22 Una aventura en el Caribe
- 23 Misterio en Hollywood
- 24 Acampada en Madagascar
- 25 Carnaval en Venecia
- 26 Persecución en el hielo
- 27 El tesoro perdido

ISLA de las BALLENAS
1
2
3
4
5
6
7
8
9
10
11
12
13
14
15
16
17
18
19
20
21
22

La ISLA de las BALLENAS

1. Observatorio Astronómico
2. Islote de las Gaviotas
3. Playa de los Burritos
4. Clínica veterinaria «Cachorros felices»
5. Posada de Marian
6. Monte Despeñadero
7. Pico del Halcón
8. Playa de las Tortugas
9. Río Lapa
10. Bosque de los Halcones
11. Universidad de Ratford
12. Gruta del Viento
13. Círculo de Vela
14. Academia de Moda
15. Arrecifes del Cormorán
16. Bosque de los Ruiseñores
17. Biblioteca Municipal
18. Puerto
19. Villa Marea: Laboratorio de Biología Marina
20. Instalaciones fotovoltaicas para la energía solar
21. Bahía de las Mariposas
22. Arrecife del Faro

Avistamiento
n.º 1:
paseo
marítimo
¡Caso
resuelto!